I0783654

ARTURO MARTÍNEZ GALINDO

SOMBRA Y OTROS CUENTOS

SOMBRA Y OTROS CUENTOS
ARTURO MARTÍNEZ GALINDO

©Colección Erandique
Supervisión Editorial: Óscar Flores López
Diseño de portada: Andrea Rodríguez
Ilustración: La mujer de negro de J.R. Sosa
Administración: Tesla Rodas—Jessica Cordero
Director Ejecutivo: José Azcona Bocock
Primera Edición
Tegucigalpa, Honduras—Abril 2025

ÍNDICE

UN ESCRITOR FUERA DE SERIE

Arturo Martínez Galindo no llegó a escribir las dos docenas de cuentos; sin embargo, los dieciocho que forman parte de su legado bastaron para que se ganara un lugar privilegiado en la literatura hondureña.

Al leerlo, nos queda el pesar de que su producción haya sido truncada cuando apenas tenía treinta y nueve años de edad, en la plena madurez de su creación.

Su asesinato —brutal, misterioso para algunos, obra de un esbirro de la dictadura de Tiburcio Carías Andino, para otros—, nos privó sin duda de otros cuentos y otras novelas, los que, sin duda, habrían sido igual o mejores que los que pudo publicar.

Fue gracias a la generosidad del recordado poeta Óscar Acosta que pudimos leer por primera vez en un solo libro (Cuentos completos, Editorial Iberoamericana), la obra de Arturo Martínez Galindo.

Eso fue en 1996, es decir, cincuenta y seis años después de su asesinato.

Antes de eso, el poeta Pompeyo del Valle había publicado tres narraciones de Arturo Martínez Galindo en un libro que tituló Cuentos metropolitanos; e Ismael Zelaya publicó Sombra, obra que recogía doce de los cuentos del malogrado escritor nacido el 13 de septiembre de 1900 en Tegucigalpa.

Yo guardo una copia de los Cuentos completos editados por el poeta Óscar Acosta, y al revisarla, me he encontrado con varios apuntes que hice con lápiz tinta negro.

Comparto algunos de esos comentarios:

"Ya se había traído el agua bendita y ya empezaba el padre Ortega a tartamudear sus latinajos, cuando le asaltó una duda, tal vez la única duda de su vida; se puso rojo, bajó los ojos y preguntó: ´¿Estás segura, Bastiana, estás segura de que puede llamarse Pedro?´".

Mi anotación: "Una frase tipo García Márquez".

Claro, en ese entonces, García Márquez era un pelado feliz e indocumentado de apenas tres años cuando ese cuento, El padre Ortega, fue publicado (1930).

Inesperado es, por mencionar otro relato, el final de Aurelia San Martín. Aquí, Arturo Martínez Galindo da una muestra de su capacidad narrativa.

En Aurelia San Martín, el autor también aprovecha para realizar algunas reflexiones, acaso personales: "Don Erberto viajaba sin monedas, como las aves y como los poetas".

Más adelante, una frase con la magia de la poesía: "Nos acercó una sonrisa, una mañana, nuestro segundo día, cuando los peces voladores nos brincaban en las pupilas".

Los cuentos de Arturo Martínez Galindo están cargados de erotismo, sensualidad, dolor y excesos. También reflejan el atrevimiento de un escritor que tocaba temas (como el incesto y las relaciones sexuales), que provocaban escándalo en una sociedad conservadora como la Honduras de los 30's y 40's.

A pesar de la calidad de la obra de Arturo Martínez Galindo, y de sus aportes para modernizar la literatura hondureña y ponerla al día, su obra es apenas conocida por un reducido grupo de intelectuales y de lectores.

Al respecto, el reconocido dramaturgo Isidro España señala que "No obstante la calidad artística de los cuentos que contiene el libro y la deplorable circunstancia de la muerte del escritor, hay una especie de confabulación de la intelectualidad hondureña para mantener un silencio cómplice sobre ese hecho".

Pero hay esfuerzos para acabar con esa injusticia. Recientemente, Editorial Universitaria anunció que en este 2025 publicará Sombra. A lo que se suma esta edición de Colección Erandique.

Todo lo que se pueda publicar sobre Arturo Martínez Galindo servirá para que los hondureños descubran a uno de sus más grandes artistas, a uno que solo tuvo que crear un puñado de cuentos para demostrar que era un escritor fuera de serie. Sin ninguna duda.

Óscar Flores López
Editor Colección Erandique

LA DESESPERANZA EN LOS CUENTOS DE ARTURO MARTÍNEZ GALINDO

Por ALFREDO LEÓN GÓMEZ[1]

El poeta Óscar Acosta, en la Editorial Iberoamericana, ha publicado Cuentos Completos de Arturo Martínez Galindo (1996), obra en la que recopila doce narraciones reunidas por Ismael Zelaya en el libro Sombra, y seis más inéditas, obtenidas de la familia del escritor.

Estos cuentos, notables por su calidad y por la profundidad que alcanzan al escrutar el alma humana, son casi desconocidos por los lectores hondureños, y tienen una importante significación en la literatura nacional.

Arturo Martínez Galindo nació en Tegucigalpa en 1900 y falleció a la temprana edad de 40 años, asesinado por un criminal a sueldo en Sabá, departamento de Colón, en abril de 1940, cuando viajaba de Trujillo a La Ceiba. Había dejado el tren que de Puerto Castilla se conducía a Olanchito en la línea férrea de la Trujillo Railroad Co., e intentaba cruzar el río Aguán en la barcaza, para tomar en la otra orilla, en la finca Elíxir de Amor, el tren "pasajero" de la Standard Fruit, hacia La Ceiba. Un horrendo crimen que ha quedado en la oscuridad, y sobre el cual se tejen muchas versiones.

Martínez Galindo fue íntimo amigo de Froylán Turcios, con quien compartió la dirección de la Revista Ariel en 1925. Dirigió los periódicos El Norte y El Ciudadano. Se tituló de abogado en la Universidad Nacional. A sus instancias se fundó en Tegucigalpa el Grupo Renovación, figurando como presidente Federico Flores Fiallos y como secretario el propio Martínez Galindo. Fueron socios fundadores de este grupo las siguientes personas: Jesús M. López, Federico Torres, Humberto Gómez, Rubén Clare Vega, Terencio Ponce, Gregorio Velásquez, Federico Peck Fernández, Tomás Cálix Moncada, G. Abadie, José María Ramírez Díaz, Carlos Zelaya

---

[1] Escritor hondureño.

Galindo, Alfredo León Gómez, Ángel G. Hernández, Trinidad Boquín, Alejandro Rivera Hernández y otros dos señores de apellidos Almendares y Galo. El Grupo Renovación era una institución de cultura que desapareció en 1928 ante las amenazas del presidente Miguel Paz Barahona, quien terminó metiendo en la cárcel a Martínez Galindo, a quien acusó de sedicioso.

La desesperanza es un estado del ánimo en que se ha desvanecido la esperanza. Es la falta total de esperanza. Desde el punto de vista psicológico, forma parte de la reacción depresiva, y se acompaña de tristeza, pesimismo, tendencia a la apatía, frustración, ambivalencia, falta de energía, desinterés, ansiedad y, en casos extremos, tendencia hacia la autodestrucción.

La desesperanza surge como una constante literaria en los cuentos de Martínez Galindo. De los dieciocho cuentos que aparecen en el libro, únicamente en cuatro de ellos no apreciamos en forma clara esta turbación del espíritu. Ellos son: "La pareja y uno más", "La tentación", "La amenaza invisible" y "La Nati". En los demás, figura la desesperanza como una constante. El erotismo es dominante en todos los cuentos, asociado muchas veces a una desgarradora crudeza.

El primer cuento del libro es "Sombra", que es casi una novela corta. Nos parece que en parte es autobiográfico, revelando detalles de la permanencia del autor en Washington en 1932, cuando formaba parte de la Comisión de Límites de la frontera con Guatemala. La desesperanza matiza algunos de los personajes:

"Yo me sentía muy triste aquella noche; no era la mía una tristeza incolora, hermana de la fatiga; ni una tristeza comprensible, hija de una desarmonía orgánica o moral, la tristeza mía de aquella noche era una tristeza sin causa, una genuina tristeza, fundamental. Yo traté de sacudirla, pues siempre trato de sacudir esa tristeza mía, tan pesada. Al principio apuré muchas copas de alcohol, pero la tristeza se me tornó más torva, mucho más...".

"Sin fuerzas para soñar ni para desear, derrotado al fin, empecé yo también a agitar mi pañuelo, pero mis ojos se quedaron secos, como mi boca y como mi vida.

¡Era un fantasma! ¡Fue no más una sombra!

Me sentí solo, tenebrosamente solo. Todas las sombras de mi vida me arañaban el corazón.

Todos somos sombras: Pedro, Manuel, Aurelia, Rosalmira... y tú, la inalcanzada, y yo, Claudio Margal..."

Otro cuento, "El Padre Ortega", se manifiesta cargado de angustia y desesperanza. Pierde sus ilusiones cuando ve a su hija de crianza mancillada por el pecado:

"¿Qué voy a hacer yo ahora... Dios mío... qué voy a hacer! ¿Por qué lo permitiste, Señor?...

¡Marta!... hija mía... ¡mi Marta!... ¡Grandísimos cochinos...!" Y el viento siguió batiendo la ventana.

En un bien logrado cuento, "Aurelia San Martín", la desesperanza se configura con toda claridad:

"Un ataque violento de apendicitis... se la operó la misma noche, pero no pudo evitarse la peritonitis... la enterramos ayer... estuve muchas horas inmóvil frente a aquel teléfono de donde había brotado la noticia increíble. Sentía revolar dentro de mi cabeza, sin orden ni sentido, unas mariposas pálidas, unas inmensas mariposas que querían salir por una rendija de luz; escuchaba unos acordes lúgubres y espasmódicos, como los gritos de unas campanas luctuosas; oía crujir las maderas de un barco perdido en la noche; percibía el ruido de unas calderas roncas..."

En "El regalo de Navidad", el llanto de una prostituta se traduce en desesperanza:

"Pero, hija... ¡si estás llorando! ¿Qué te pasa?

¡Echa afuera tus penas! Las penas son algo caliente que nos quema por dentro; échalas afuera y ya verás cómo se enfrían.

¡No seas boba, chiquilla, no llores...! ¡Qué cosas tienes tú!

Una vez descubierta, Lena dio rienda suelta a su llanto. Sollozaba como un niño hambriento. Louis no sabía qué decirle:

¿Te han ofrecido matrimonio? ¿Has hecho algún propósito de enmienda? ¿Estás borracha?

El llanto era tan tierno y desconsolado que Louis sintió una profunda congoja que se le anudaba en el pecho. La vida es una broma, pensaba Louis; una absurda broma, con un poquillo de amargor, con un poquillo de fílo, pero una broma al fin...

Las lágrimas de Lena lo desconcertaron; Lena, treinta años jugosos; Lena, vida fácil, piedrecilla sin musgo; Lena ajenjómana; Lena ramera, no tenía derecho a llorar; el llanto es algo oscuro; es una hebra por la que se descose el dolor, y el dolor es una creación muchas veces de los ricos..."

En "Borrachera" trasluce el camino hacia el suicidio, meta y fin muchas veces de la desesperanza:

"Esa sortija es un relicario y la reliquia que yo guardo en ella más dulce de las reliquias: una promesa de liberación. Dentro de ese cráneo hay un centigramo de aconitina cristalizada, con el que se puede matar a diez personas.

La aconitina es el alcaloide más rebelde a la dosificación; su violencia es irrefrenable y además no deja rastros. Yo siento una sensación casi amorosa llevándola conmigo, pues me parece que en esos cristales finísimos habita un alma contradictoria, perversa y magnífica, como la vida... Cuando Paco apuró el vaso, yo sentí que por todas mis fibras corría una onda fría...."

En el libro hay dieciocho cuentos que son los siguientes: "Sombra", "El Padre Ortega", "Aurelia San Martín", "El Regalo de Navidad", "Borrachera", "Desvarío", "La pareja y uno más", "La tentación", "La sonrisa de la fábrica", "El Incesto", "La amenaza invisible", "La Nati", "El estreno", "El milagro", "Una historia cualquiera", "Los recuerdos", "En el tren" y "Bajo un árbol".

En los cuentos de Arturo Martínez Galindo aflora una inquietud hacia el sensualismo, al erotismo, que se colorea con la desesperanza, con una sensación de tristeza y desánimo que aflige el espíritu y desarma el vigor. Es probable que en la conciencia del escritor viviera subyacente una depresión enmascarada, que era como un presagio de su trágico fin. La publicación de los Cuentos Completos de Arturo Martínez Galindo, por Editorial Iberoamericana, es una contribución muy valiosa del poeta Óscar Acosta a la literatura y cultura nacional.

LA VIOLENCIA EN CUENTOS COMPLETOS DE ARTURO MARTÍNEZ GALINDO Y CENIZA DE ELISEO PÉREZ CADALSO

Por EMMANUEL JAÉN

Se aborda el tema de la violencia en dos obras de escritores hondureños del siglo XX: Cuentos completos de Arturo Martínez Galindo y Ceniza de Eliseo Pérez Cadalso. Se evidencia, en uno de los relatos más conocidos de Martínez Galindo y en varios de Pérez Cadalso, que la violencia procede de situaciones sociales que no están plenamente dilucidadas. Empero, ello permite apreciar dos aspectos del tema: primero, sus manifestaciones más execrables (el asesinato, la violación); segundo, la propuesta estética de ambos autores. El análisis psicológico y social propuesto permite un acercamiento a las motivaciones de los personajes.

Arturo Martínez Galindo (1900-1940) fue miembro del denominado "Grupo Renovación", quienes en la década de 1920 realizaron los primeros intentos por modernizar el cuento hondureño gracias a una serie de publicaciones como El Ateneo de Honduras y la revista Ariel de circulación internacional. El investigador Manuel Salinas Paguada señala que el cuento hondureño, a partir de esta década, seguiría dos vertientes claramente marcadas: el criollismo, con sus variantes costumbrismo y regionalismo, y la corriente cosmopolita representada por Arturo Mejía Nieto y Arturo Martínez Galindo. Los cuentos de Galindo en su libro Sombra (1940) ahondaron en temas como el erotismo, la sexualidad y sus posibles desviaciones. Mujeres y hombres emocionalmente desavenidos pueblan el universo de nuestro autor y únicamente en el cuento "La Nati" aparece con claridad el tema de la violencia, mediando siempre con la sexualidad.

Se señaló que la violencia en Arturo Martínez Galindo es infrecuente, ya que su obra desarrolla una estética afincada en el eros y en las variaciones de la sexualidad. Sin embargo, en el relato ya citado encontramos una excepción: Octavio Fernández, el protagonista, retorna a Tegucigalpa después de una larga ausencia que lo llevó a recorrer el mundo. De regreso a la patria, rememora su infancia a orillas del río Grande; toma conciencia de la imperturbabilidad del tiempo de su ciudad natal, y acuden a él los recuerdos adolescentes de sus años de colegial. Octavio visita el antiguo refugio donde aprendió los primitivos placeres de su juventud. Allí descubre el trato brutal y la explotación de que es objeto la Nati. Indignado por la violencia que el chulo de esta ejerce sobre la joven, decide eliminarlo. Pero la Nati, al saber que su hombre ha muerto a manos de Octavio, lo insulta y corre a buscar el cuerpo de su brutal amante.

La violencia en este relato se manifiesta en la agresión física de que es objeto la Nati. Los cardenales en su cuerpo, el trato humillante que el bravucón le depara, ofenden a Octavio, quien se indigna frente a la cobardía del mantenido:

"Cuando llegó hasta ella, advirtió manchas violáceas en las ubres virginales, en el vientre y en las piernas. ¡Una profanación! La devoción del artista cedió a la indignación del hombre:

—¿Quién te golpea?

—Luisín.

—¿Y por qué?

—No te importa... Él es mi hombre."

La muerte del rufián queda saldada como un asunto entre hombres. En realidad, son dos visiones encontradas: para Luisín, la Nati es una mercancía, un objeto sexual que produce ganancias y reafirma su hombría y, por extensión, la del género masculino. Para Octavio, en cambio, es una hembra destinada al placer, pero degradada por la violencia. Lo paradójico en la Nati es su inconsciencia que la impele a defender y a llorar la muerte de su agresor y alcahuete.

El desprecio ejercido sobre la Nati y la ignorancia de esta nos muestra un espacio en el que la violencia se justifica como norma entre el chulo y su trata. Octavio retorna a este primitivo universo sin la visión del adolescente, sino como un hombre que antepone un código de valoración: la belleza de la Nati, la sensualidad que de ella emana, se puede admirar y poseer, pero no encuentra sentido en la humillación que su tratante le depara. El salvador anónimo de la Nati es un hombre cosmopolita, indignado frente a la brutalidad ejercida sobre esta ingenua criatura. La violencia en el relato procede de Luisín y es generada bajo un código machista. Sin embargo, Octavio acudirá también a la violencia como pretexto para eliminar al amante cobarde de la Nati. Martínez Galindo, aun cuando aborda este tema, continúa siendo fiel a su estética centrada en la mujer. Es la perspectiva de un escritor insertado en un entorno provinciano y dueño de una atrevida visión para su época. En el tratamiento de personajes y situaciones, la Nati supera su simple condición de prostituta, y en la narrativa del autor ella —como otros tantos personajes femeninos de sus relatos— ocupa un primer lugar a través de una connotación esteticista y alejándose del realismo estridente y descriptivo de otro autor como Eliseo Pérez Cadalso.

El ensayista Juan Antonio Medina Durón coincide con Salinas Paguada al señalar que Eliseo Pérez Cadalso pertenece a la segunda etapa del regionalismo hondureño, cuando este movimiento ya había perdido fuerza en Hispanoamérica. Ceniza de Pérez Cadalso contiene relatos donde el autor aborda el tema de la violencia con mayor intensidad que Martínez Galindo. En el cuento "Chabelo", por ejemplo, un joven profesor llega a cierta comunidad donde el cruel jefe de la localidad somete a la población. En un gesto de poder y abuso, el gendarme advierte al mentor que deberá entregarle la mitad de su salario. El educador es amenazado y expulsado del pueblo por negarse a entregar su estipendio. A solas, Chabelo rememora sus duros días de estudio y los sacrificios sobrellevados para graduarse. Decide ignorar las amenazas, presentándose a trabajar. Más tarde, es vejado cobardemente por el tirano y huye presa del pánico. Finalmente, en un nuevo encuentro y en un acto de valentía y desesperación, mata con sus propias manos a su opresor.

La muerte del criminal a manos de Chabelo coincide con la narrativa regionalista y de la tierra en Hispanoamérica en las primeras décadas del siglo XX, en la que civilización-desarrollo se enfrenta a naturaleza-barbarie. Chabelo encarna al hombre educado enfrentado a la violencia del cacique local. Desde esta perspectiva, la narrativa de Pérez Cadalso es cercana al realismo, al recoger las costumbres rurales de una comunidad hondureña de mediados del siglo XX. La violencia en el relato deriva de la injusticia, corrupción y arbitrariedades del representante del gobierno de turno y de todos sus cómplices, quienes actúan contra los habitantes del pueblo. Una vez más, la muerte —en este caso del cacique— queda justificada como un asunto de dignidad, ya que Chabelo encarna el deseo de liberación de toda la comunidad contra la opresión local. El tratamiento del tema es directo y registra un hecho muy frecuente entre los pueblos del interior de Honduras. La atmósfera es tensa y de impotencia, al mostrarse la imposibilidad de detener la violencia a través de la justicia y la razón. Las descripciones del rufián señalan su condición inhumana, que contrasta con la del profesor Chabelo y de la población, víctimas de la violencia. Al igual que en el relato de "La Nati", los protagonistas toman la justicia en sus manos. La historia muestra situaciones y conflictos que reflejan el estado social primitivo y la visión de mundo de una época muy cercana a la dictadura del siglo pasado.

En "El Máusimo", la violencia procede de conflictos que emanan entre los personajes y no como el resultado de una agitación social. Es sugerente el apellido Walker en este cuento, que remite, en la historia de Centroamérica y en la de Honduras, al filibustero William Walker, ya que el padre del Máusimo había sido un vagabundo y era: "(...) un aventurero analfabeto que vino buscando minas y se quedó en la comarca, embrujado por las mujeres, y, (...) por la cususa que allí se fabricaba."

El retorno de Máximo Walker altera la calma en el pueblo donde se produce el relato, ya que este personaje, hijo de Walker padre, posee todos los elementos que encarnan la violencia: alcohólico, mujeriego, irresponsable, machista y criminal. Máusimo, a quien también le dicen "el gringo", tiene por filosofía la fuerza, la cual ejerce justificándose en los antecedentes que su padre extranjero le dijo sobre su raza: "Mi tata decía que nosotros somos de sangre superior y que hay que joder a todo el que se ponga por delante."

Admirado y temido por la gente de su pueblo, el Máusimo es un personaje en el que se mezcla la ignorancia y la leyenda. El cuento adquiere un giro cuando en el pueblo aparecen azoros atribuidos a Delfina o La Prieta, mujer del protagonista. La Prieta no es un simple personaje sin construcción ni historia. Antes de convertirse en la mujer del Máusimo, había sido prostituta en un pueblito cerca de

Chinandega, Nicaragua; y el Máusimo, impresionado por su "urbanidad", la lleva a Honduras. Esta presencia de azoros, "cochinadas" o brujerías de La Prieta no llega a desarrollarse en el relato y se reduce a una anécdota negativa sobre la mujer del Máusimo; sin embargo, explican la conducta de esta, puesto que a través de las brujerías La Prieta expresa una ventaja de poder sobrenatural por encima de un mundo en el que los hombres, en este caso el Máusimo, ejercen su voluntad sin límites. En el cuento, La Prieta también teme que el Máusimo haya dejado de quererla, pues sabe que este vive con otra mujer. La promiscuidad y el incesto sirven de ingredientes para que surja la violencia. Esta aflora cuando las dos hijas de La Prieta, producto de otros hombres, han crecido y el Máusimo comenta: "—¡Humm, ya van a estar de punto...!"

La Prieta alimenta su resentimiento ante las pretensiones del Máusimo. Imagina el deseo que su hombre siente por Delfina, la única hija que sobrevive en el relato y, como el narrador informa: "Porque las mujeres de su clase —las putas, para decirlo de una vez— son, por paradoja, las madres más desconfiadas y resueltas." El rencor de La Prieta hacia el Máusimo surgirá por dos situaciones: la primera, por dejar de ser la mujer de aquel; y la segunda, por los deseos del Máusimo de poseer a su hijastra. En el cuento, la violación se consuma como un hecho brutal que concluye con la muerte del Máusimo a manos de La Prieta, y con la salida de esta hacia la noche donde se perderá inexorablemente. Salida simbólica, puesto que La Prieta olvida a su avergonzada hija, motivo del ajusticiamiento. La atmósfera del relato es sórdida y destaca las pasiones bajas, así como la irracionalidad de los personajes.

El relato posee trazos costumbristas y denuncia una práctica común en el campo y en nuestras ciudades, como sigue siendo el abuso de los padrastros sobre sus hijastras. Pérez Cadalso, en este cuento, aborda una conducta y un hecho frecuentes en una sociedad estrictamente agraria, la cual, para la fecha de su publicación, mostraba este mal que se manifiesta por igual en el campo como en las ciudades, donde muchas veces se encubre por las convenciones sociales.

La Prieta, sin embargo, es un personaje con mayor sustrato, puesto que, y desde una lectura acorde con la religión católica, ella es una bruja al aparecer como una mujer practicante de "puercadas". La Prieta adquiere en el cuento una connotación oscura; es conocedora de maleficios y el narrador nos la muestra como un ser maligno emparentado con la oscuridad. El final del relato reafirma esta idea, ya que La Prieta —que en el lenguaje popular es el sobrenombre que se le asigna a una mujer de piel oscura— se perderá en la oscuridad de la noche como si ambas (mujer/noche) estuviesen conformadas de la misma esencialidad. En este sentido, bruja, prostituta y mujer "mala" asignan una visión negativa cargada de un fuerte sustrato religioso para caracterizar y marginar a las mujeres que no se sujetaban a una moral cristiana. Fue este un criterio muy extendido en el medioevo y también se aplicó para señalar a las mujeres practicantes de la medicina natural.

Sin embargo, La Prieta, bruja y prostituta llena de atributos negativos, tomará en sus manos la justicia al decapitar al Máusimo para castigar, de este modo, la violación de su hija. Esta acción, aunque violenta, se traduce en una virtud en ella, puesto que en principio le preocupa el abuso que el Máusimo ejercerá sobre su hija —temor que se llega a cumplir—. Sin embargo, su acción no la libera de su condición maligna: La Prieta se perderá en el telón de fondo del relato sin que su acción de madre protectora la redima. El relato reafirma, como en la literatura de la tierra antes citada, que los hombres y mujeres del campo son brutales y carentes de leyes. Persiste en esta historia la visión maniqueísta del homo civilitas frente a los primitivos habitantes rurales.

El Tunco Crescencio es otro relato ubicado de nuevo en un espacio rural y en el que la violencia adquiere matices complejos. Crescencio regresa a su casa después de huir de la prisión donde cumplía una condena por el asesinato de su esposa. Encuentra su hogar en ruinas y en un instante rememora las situaciones que lo llevaron a su condición actual: años atrás, obligado a cumplir su plaza en el ejército, Crescencio regresó un día al sitio que antiguamente fue su feliz hogar.

Su mujer, en aquel entonces, lo recibió con frialdad. El protagonista descubrirá más tarde que todo se debe a la infidelidad de su compañera. Un día sorprende a los amantes, mata a su antigua compañera y se enfrenta a duelo con su rival. En la lucha pierde la mano derecha y, con la otra, asesina a su enemigo. Condenado a diez años de presidio por el doble crimen, Crescencio huye de prisión y regresa a su aldea para encontrar su casa totalmente en ruinas.

En el presente de la historia recuerda el encuentro con un caudillo local, quien lo invitó a sus filas para derrocar al gobierno de turno. En una batalla de las montoneras perdió la otra mano, y quedó con la promesa del general de cerro de que, una vez en el poder, le traería un par de manos de los Estados Unidos. Más tarde, se entera de que quienes pelearon al lado del milite recibieron pensiones y grados marciales, y él absolutamente nada. El personaje reflexiona para concluir que el producto de su miseria se debió, en gran medida, a su negativa de "arrastrarse" frente a sus superiores; por ello, no le resta más que soñar que otra hubiese sido su suerte.

Para sobrevivir, el protagonista elabora con sus hijas cususa o guaro escondidos en el monte. Sin embargo, las leyes del gobierno por el cual él luchó prohíben la elaboración clandestina de alcohol, y el personaje morirá intentando huir de las autoridades que lo persiguen.

El cuento resume la fracasada existencia de Crescencio, cuyo destino escapa a su propia voluntad. De hombre feliz, su vida se modifica con el aparecimiento de los bandos alzados en armas y con el gobierno de turno que le exige el cumplimiento del servicio militar obligatorio. Más tarde, su vida empeorará cuando trabaje para la justicia civil y los nuevos representantes del poder a quienes ha ayudado a ascender. Ningún cambio social ni gobierno lo beneficiará para ayudarlo a salir adelante en su malograda existencia. El relato se queda en un determinismo sin mostrar las causas que originan la tragedia del personaje. La violencia proviene primero de su mujer, luego del Estado, de la justicia, las instituciones y gobernantes de turno, quienes reducen a Crescencio a una trágica víctima de la sociedad.

Como lo relata el protagonista al referirse a los primeros años de su matrimonio: "Éramos felices. Verdaderamente felices." Sin embargo, el paraíso campirano en el que vivió el Tunco Crescencio desaparece frente a la violencia que emana de todo el cuerpo social. El acceso a la justicia no beneficia al protagonista; por el contrario, resulta convertido en una víctima de la corrupción del sistema. El autor muestra que el hombre del campo se encuentra a merced de fuerzas que lo sobrepasan. Fuerzas que emanan de los hombres y de las estructuras sociales que orillan a la desintegración familiar, al crimen y a la marginalidad. El protagonista morirá y su cuerpo será dejado como pasto para las aves de rapiña, y el militar resulta el único ganador en esta suerte de miseria humana.

Conclusión:

En conclusión, en Arturo Martínez Galindo y en Eliseo Pérez Cadalso, la violencia difiere específicamente en el tratamiento de los personajes femeninos. La violencia en el cuento La Nati surge como indignación frente al atropello ejercido por el chulo. Los hechos violentos proceden de personajes masculinos y la mujer conserva su condición pasiva-erótica, aun cuando las motivaciones de la violencia son estrictamente personales.

En cambio, en Pérez Cadalso, el personaje femenino —como La Prieta— deja de ser una simple observadora y, frente a la violencia, elimina al victimario de su hija al tomar la justicia en sus manos. En los siguientes relatos de Cadalso, la violencia se desprenderá de personajes masculinos que lucharán por imponer, cuando pueden, una justicia personal en un contexto sellado por la violencia. En ambos autores, la visión social de mundo de quienes emana la violencia es limitada. En Pérez Cadalso, los protagonistas a menudo están inmersos en contextos socialmente agitados, sin lograr un distanciamiento crítico, y ello se debe a que ambos autores no ahondan en las motivaciones sociales que originan el tema.

Por ello, se constata un determinismo que subyace en los personajes, ya sean hombres o mujeres, y la violencia muestra un universo primario donde la razón es inexistente. Estas visiones, coincidenciales en ambos autores, reflejan una sociedad arcaica, agraria y violenta. Los relatos de Eliseo Pérez Cadalso abordan de forma realista este criterio; su regionalismo registra una sociedad que en pleno siglo XX apenas conoce los derechos que otorgan las leyes, el nivel educativo es precario, la miseria material colinda excesivamente con la espiritual, los personajes se rigen por principios de fuerza y los políticos son corruptos, engañan y abusan de los ciudadanos.

Eso sí, nuestros autores muestran de fondo la visión de un mundo en consonancia con un caos donde la violencia se erige como paradigma "natural". La pregunta sigue siendo: ¿Existe alguna diferencia con lo que acontece en la sociedad hondureña a principios del siglo XXI?

ARTURO MARTÍNEZ GALINDO

POR MARCOS CARÍAS REYES[2]

Solamente tenemos su sombra. Sólo ella nos queda de aquel muchacho pletórico de talento y de prestancia. Una sombra, un recuerdo, una imagen que no se borra. Y un libro.

Ruido de tacones varoniles, recio, casi escandaloso, por la acera que albergara el primer Jardín de Niños, en Tegucigalpa (¡manes de doña María Guadalupe!), convertido hoy en salón de cinematógrafo. Nosotros nos incorporábamos: "Viene Arturo." Efectivamente, era él.

Baja la estatura, moreno, diríase cuadrado en sus carnes prietas y duras; cabeza vigorosa, tallada con fuerza; rostro de indio, con perfiles rotundos; frente amplia, prominente; cabellos hacia atrás; ojos vivaces, con fuego; dientes agresivos, propios para el mordisco; manos pequeñas, de artista. Arturo fue un trozo de roble o de ocote.

Colmado de inquietudes apremiantes, se inicia muy joven en las agotadoras tareas de la Idea. Escribe ensayos de tendencia sociológico-política, dicta conferencias, hilvana cuentos, versifica, dirige un semanario, Renovación, tribuna de un grupo del cual es animador. El grupo naufraga en las turbulentas aguas de la política. Arturo continúa estudiando y escribiendo. Ha ido, va, al exterior. Entra en contacto con gentes de diferentes razas. Se pierde en las vorágines sajonas. Se familiariza con el ulular de las sirenas, con el chirriar de las grúas, la trepidación de los trenes; se esfuma en la baraúnda de los grandes hoteles, de los bares llenos de luces, de mujeres y de alcoholes; de los rutilantes salones de arte; golpea en las graníticas paredes de los rascacielos; sus ruidosos tacones se hunden en los boulevares de Washington, a orillas del Potomac —el Potomac y los cerezos nipones—, agreden el asfalto neoyorkino, se gastan por la Calle del Canal, en el feérico puerto de Nueva Orleans; y la vida corre por las arterias en el caudaloso torrente de su sangre tropical,

---

[2] Novelista y cuentista hondureño.

con ritmo acelerado, hasta que un día —nefasto— se desborda en una cascada de calientes rubíes.

No sabemos qué punto de contacto, en el misterio del subconsciente, existió entre Arturo Martínez Galindo y nosotros. Sin buscarnos, sin intentarlo siquiera, nos encontramos. Por aquellos años del 26 él dirigía su semanario; nosotros esbozábamos cuentos, ensayos literarios y sociales. Quizás coexistiera entre nosotros ese innato desprecio hacia las acciones bajas, los hombres viles y las ruines intenciones; tal vez nuestro escepticismo filosófico; nuestro desdén hacia los pequeños egoísmos y las torpes traiciones que hieren el espíritu y ensombrecen la vida, restándole mucho de lo bello y noble que hay en ella. Tal vez eso, unido a la comunión literaria, al devoto consagramiento a la idea.

Parece que más tarde Arturo entró en un período de serenidad, de sosegamiento, de renunciaciones. Desde su altura mental vería el panorama del mundo, con sus míseras grandezas y sus grandes miserias, y sus labios se entreabrieron con la más expresiva de las escépticas sonrisas, cuando nos escribiera, afirmando sentirse impermeable, tanto al halago como a la contrariedad, que forman el fatal nudo gordiano de la emoción en la vida, sin que nos sea dable disponer de la espada de Alejandro el Macedonio para romperlo a tajos rotundos.

¡Impermeabilidad! ¡Aislamiento!

Ausencia de cuanto se mueve y grita sobre la tierra repleta de mentiras; seguridad de que ya nada nos afectará porque llegamos, porque estamos más allá del bien y del mal; porque conseguimos la imperturbable calma del oriental o nos refugiamos en el maravilloso tonel de Diógenes.

Toda la producción literaria de Arturo Martínez Galindo, excepción lógica de la periodística y de sus ensayos sociales, transpira un sensualismo ardoroso y persistente. Su novela breve, Sombra; los cuentos: El Padre Ortega, Borrachera, El Incesto, La Nati, cuantos integran el volumen —único que nos legara— lo están proclamando. En casi todos ellos es la carne, realzada con especiales aderezos, el leitmotiv esencial. Pimentoso manjar para estómagos débiles. Bella, fuerte y viril oblación en los altares de la Hembra.

Y es que vivía en él un fauno joven y audaz, con esa audacia y esa alegría que dan el vigor corporal y la potencia anímica.

En cierta ocasión deambuló por estos predios don Pedro de la Riva Vale, escritor, poeta y hombre de mundo, que había venido de más allá del Ecuador. ¡Días de lírica bohemia! Untuoso cual un cortesano versallesco, solía llamarnos así: "Mi Don Arturo, Mi Don Marcos". Entre copa y copa, verso y verso, desflorábanse los temas más raros y simpáticos, mientras palidecían las estrellas en el zodíaco y eran cada hora más rojas las flamas del alcohol.

Alguien formuló preguntas respecto "al eterno femenino". Un poeta dijo: "yo quiero los ojos y la cabellera undívaga"; otro pidió las manos, blancas manos de abadesa, como aquellas que besara unciosamente el pícaro Marqués de Bradomín. Arturo exclamó: "para mí las bocas y los senos... la mujer toda... la hembra". El fauno, el joven fauno alegre y travieso que en él vivía.

Un mediodía canicular nos encontrábamos allá en el viejo puerto de Trujillo. Persona amiga nos invitó a ver los cañones españoles de la Colonia, clavados en muros sobre los cuales se ha adherido, persistente, la pátina de los siglos. Nuestra respuesta inmediata fue:

—No —en América— los cañones españoles enmudecieron para siempre, heroicamente, en San Juan y El Caney. Prefiero buscar a Martínez Galindo.

¡Gratas horas añoradas con un dejo de melancolía! Arturo nos mostró algunas cosas íntimas y queridas: estampas, libros, entre éstos las impresiones de viaje por Centroamérica, de Wells, que estaba traduciendo, y en las cuales hicimos el hallazgo de un antiquísimo grabado de la plaza central de Tegucigalpa. El aire nos traía frescos efluvios y el inmenso Atlántico, allá enfrente, entonaba sus canciones corsarias.

Lo vimos una vez más, como de costumbre animoso, charlador y optimista. Luego, un viaje a Yanquilandia y una ingrata como inesperada noticia, recibida a la sombra de los rascacielos:

¡Arturo Martínez Galindo había entrado al reino de las eternas sombras!

La trascendencia, en la obra literaria de Martínez Galindo, quedó plasmada en sus estudios sociológicos; y la visión estética, el aliento emocional, en sus cuentos. Pero a su fogoso y fino temperamento no podía ser extraña la lírica, y de ello son elocuente testimonio sus poemas. Desgraciadamente, sus alas, sus potentes alas, quedaron rotas, como las de la Victoria de Samotracia.

La vida es una continua lucha por desatar los nudos gordianos que nos salen al paso, siendo tanto más intensa cuanto mayor es el conflicto entre la imaginación y la realidad; entre el espíritu y la materia. Para infortunio de los mortales, no nacimos con la tajante espada del hijo de Filipo, que nos proporcionaría las soluciones más rápidas en los diferentes casos. Es así que, desde el ser más insignificante hasta el genio más deslumbrador, sucumben algún día frente al nudo gordiano fatal e inexorable.

El acero asesino se encargó de romper, destrozándole el cráneo, los nudos gordianos que Arturo Martínez Galindo llevaba en su luminoso cerebro y en su vibrante corazón.

Del libro "Hombres de Pensamiento", Ensayos, Imprenta Calderón, Tegucigalpa, 1947

LOS PAPELES DE MARTÍNEZ GALINDO

Arturo Martínez Galindo nació en Tegucigalpa el 13 de septiembre de 1900, siendo hijo del General Pilur M. Martínez y de su esposa, doña María Galindo de Martínez.

Realizó sus estudios superiores en la Facultad de Ciencias Jurídicas y Sociales de la Universidad Nacional, graduándose de Licenciado en Derecho.

En la primera etapa de la revista Ariel fue director de esta publicación con Froylán Turcios y así figura en el número 6 de ese órgano de cultura fechado en Tegucigalpa el 30 de mayo de 1925, que tenemos a la vista.

Arturo Martínez Galindo dirigió también los periódicos El Ciudadano y El Norte, publicando crónicas y poemas con los seudónimos de Julio Sol y Armando Imperio.

En 1925 y a instancias de Martínez Galindo, que había recibido ya su título de abogado y notario de los tribunales de la república, se estableció en Tegucigalpa el Grupo Renovación, siendo Presidente de la agrupación Federico Flores Fiallos y Secretario el propio Martínez Galindo.

El doctor Alfredo León Gómez explica en un artículo de prensa en el diario Tiempo de San Pedro Sula el 24 de enero de 1995 que los socios fundadores del Grupo Renovación fueron, además de los nombrados, Jesús M. López, Federico Torres, Humberto Gómez, Rubén Clare Vega, Terencio Ponce, Gregorio Velásquez, Federico Peck Fernández, Tomás Cálix Moncada, G. Abadie, José María Ramírez Díaz, Carlos Zelaya Galindo, Alfredo León Gómez, Ángel G. Hernández, Trinidad Boquín, Alejandro Rivera Hernández y otros dos señores de apellidos Almendárez y Galo.

El Grupo Renovación tenía corresponsales en las principales ciudades del país y en las capitales de las naciones amigas y, según sigue diciendo el doctor León Gómez, se publicó un órgano de divulgación que era el Semanario Renovación bajo la dirección de Arturo Martínez Galindo, en el que figuraban como redactores Federico Peck Fernández y Gregorio Velásquez, siendo este último sustituido por Alfredo León Gómez, padre del autor del artículo publicado en el diario sampedrano al que hemos hecho referencia.

En los estatutos del Grupo Renovación se incluyeron varios postulados, entre ellos el amor a la patria sobre todas las cosas; veneración a sus símbolos como la Bandera, Himno Nacional y Escudo; defensa de la patria a costa de la vida; estudio de los problemas más importantes del Estado; organización de actos culturales en la Universidad Nacional; defensa de los intereses nacionales y ayuda a las escuelas primarias con libros, pupitres y charlas de los miembros de la institución.

El patriotismo, uno de los postulados del Grupo Renovación, llevó a Arturo Martínez Galindo a formar parte de la Comisión de Límites de Honduras que tenía sus oficinas en Washington en 1932 y que defendía los intereses territoriales nacionales frente a las pretensiones de Guatemala.

El 4 de abril de 1940 en el pueblo de Sabá, departamento de Colón, murió asesinado a machetazos Arturo Martínez Galindo, quien residía entonces en Trujillo, víctima según algunos escritores hondureños de una horrenda venganza política.

Ese mismo año la Editorial y Librería Signos de Ismael Zelaya publicó el libro Sombra de Arturo Martínez Galindo, con los cuentos Sombra, El padre Ortega, Aurelia San Martín, El regalo de Navidad, Borrachera, Desvarío, La pareja y uno más, La tentación, La sonrisa de la fábrica, El incesto, La amenaza invisible y La nati.

Algunos de esos cuentos habían aparecido en diarios y revistas hondureños como Ariel, Claridad y la revista Tegucigalpa, esta última dirigida por Alejandro Castro Díaz.

Un cuento, La amenaza invisible, había aparecido en la revista Tegucigalpa con el nombre de Aquella noche..., fechado en 1924 pero publicado en 1937.

Fue Arturo Martínez Galindo un hombre cordial y amigable y así lo demuestran las dedicatorias de sus cuentos a Alejandro Castro hijo, Servando Reina, Pío Suárez, Edgardo Becerra, José R. Castro, Zoroastro Montes de Oca, José de la Cuadra y el poeta peruano Enrique Peña Barrenechea.

El día 25 de mayo de 1969 la Asociación de Prensa Hondureña colocó, acogiendo una moción del socio Carlos C. Colindres, una placa sobre la tumba del escritor Arturo Martínez Galindo en el Cementerio General de Tegucigalpa, haciendo uso de la palabra en aquel acto el escritor Florentino del Cid.

En 1958 el estudiante de Derecho Benaton Martínez Benatton, hijo de Arturo Martínez Galindo y de su esposa Luisa de Martínez Galindo, quien reside actualmente en San Pedro Sula, nos entregó varios papeles de su progenitor, con el ruego de que los diéramos a conocer en forma paulatina al lector nacional. Atendiendo esa petición en la revista Universidad de Honduras, Año II, No. 22, publicación de artes y letras de la Secretaría General de la Universidad Nacional Autónoma de Honduras correspondiente a mayo de 1960, dimos a conocer el ensayo Breve análisis del momento político hondureño que Arturo Martínez Galindo escribió en 1935.

En esos papeles que nos entregó Benaton Martínez Benatton, quien falleció el año pasado en San Pedro Sula, encontramos las narraciones El estreno, El milagro, Una historia cualquiera, Los recuerdos, En el tren y Bajo un árbol de Arturo Martínez Galindo.

Algunas de esas narraciones no tenían nombre y por ello nos permitimos ponerle título, como acontece con la narración llamada Los recuerdos.

En los papeles de Martínez Galindo figuran versos, notas escritas a máquina y recortes de periódicos y revistas en las que colaboraba el infortunado escritor, como un poema que aparece en el diario La Tarde de Barranquilla, Colombia, del 11 de noviembre de 1939.

La temprana muerte de Martínez Galindo enlutó al país y escritores como Marcos Carías Reyes, uno de sus amigos fraternos, dejaron su testimonio de pesar en cálidas estrofas.

El poeta Pompeyo del Valle, ahijado de Arturo Martínez Galindo, recogió tres narraciones de nuestro desaparecido compatriota en el volumen Cuentos metropolitanos que editó la Secretaría de Cultura y Turismo en enero de 1983 en una colección que, entre otros títulos, había publicado Angelina de Carlos F. Gutiérrez y El vampiro de Froylán Turcios.

El doctor Carlos Antonio Mejía Zelaya, sobrino de Arturo Martínez Galindo, nos ha proporcionado otros materiales literarios de su ilustre pariente que daremos a conocer en fechas futuras.

Este volumen de Cuentos completos recoge las doce piezas literarias publicadas por Ismael Zelaya en el libro Sombra y seis más que incorporamos a este nuevo libro de la Editorial Iberoamericana.

Óscar Acosta

CRONOLOGÍA DE ARTURO MARTÍNEZ GALINDO

POR JOSÉ GONZÁLEZ[3]

1903: Nace en Tegucigalpa, el 3 de septiembre.

1907: Muere su padre, el general Pilar Martínez, en la batalla de Namasigüe, en el mes de marzo. Martínez Galindo tenía apenas cuatro años.

1923: Funda la revista literaria Claridad, cuyo primer número aparece el 1 de julio.

1925: Funda junto a Froylán Turcios el quincenario Ariel, cuyo primer número aparece el 15 de marzo.

Realiza estudios de Jurisprudencia en la Universidad Central de Tegucigalpa.

Publica en Ariel el cuento "Una historia cualquiera", el 15 de abril.

El 30 de abril, publica "La tentación".

El 30 de mayo, aparece "En el tren".

El 30 de junio, publica "Fantasía de sol".

El 15 de julio, se retira de la codirección de Ariel, aunque sus cuentos continúan apareciendo en el quincenario.

El 30 de julio, publica "El incesto".

Publica en la revista Lux el artículo "El país de los hombres de cera", reproducido en julio por el Boletín de la Escuela Normal de Varones.

El 15 de agosto, publica en Ariel el cuento "Amores baldíos".

En septiembre, funda en Tegucigalpa el Grupo Renovación, donde Martínez Galindo aparece como tesorero.

El 8 de diciembre, se publican en La Gaceta los estatutos del Grupo Renovación.

Se gradúa de abogado en la Universidad Central de Honduras.

1926: Aparece Renovación, semanario vocero del grupo homónimo, dirigido por Martínez Galindo y Gregorio A. Velásquez.

---

[3] Poeta hondureño.

El gobierno de Paz Barahona clausura el semanario por razones políticas.

Martínez Galindo sufre encarcelamiento, del cual sale libre tiempo después.

1928: Sale al exilio voluntario a Nueva Orleans, Estados Unidos, el 8 de marzo, donde se reúne con sus amigos Guillermo Bustillo Reina y Jorge Fidel Durón.

Funda la revista El Continente, junto a Guillermo Bustillo Reina; la revista solo publica tres números. Jorge Fidel Durón participa como reportero de la sección deportiva.

Publica dos cartas: una dirigida a Alfonso Guillén Zelaya, el 4 de octubre, en El Ateneo de Honduras; y otra a Froylán Turcios, el 1 de julio, en Ariel.

1929: Contrae matrimonio con la sampedrana Luisa Bennaton en Nueva Orleans, el 30 de septiembre.

Comienza a usar el seudónimo "Julio Sol" para firmar sus artículos.

Publica en la revista Tegucigalpa su polémico artículo "Honduras no tiene literatura ni literatos", el 15 de diciembre.

1930: Regresa a Honduras.

Es nombrado secretario de la entonces Universidad Central e imparte algunas asignaturas.

Funda y dirige el Diario Moderno.

Publica en El Cronista la prosa "Mi tristeza y yo", el 9 de enero.

Escribe artículos para el libro Honduras, editado en Nueva Orleans por Guillermo Bustillo Reina y el estadounidense Boscon Jones.

1931: Viaja a Washington como miembro de la Comisión Hondureña que dirime el litigio fronterizo con Guatemala. Ocupa el cargo de primer secretario en la Comisión.

1932: Continúa en Washington.

Escribe su mejor narrativa cosmopolita o urbana.

En noviembre, publica el poema "Me dicen que eras...", dedicado a su padre fallecido.

1933: Regresa a Tegucigalpa.

Funda el diario El Ciudadano, vespertino que comienza a circular en abril.

Usa el seudónimo "Armando Imperio" para firmar artículos políticos.

Publica los siguientes textos:

"Stokowski", capítulo III de la novela inédita Larva, el 16 de junio.

"En el tren" (reedición), el 22 de junio.

"Lámpara de Diógenes", el 29 de noviembre.

"Mulata", el 29 de mayo.

"El beso que provocó una tragedia", el 8 de junio.

"Frivolidad", el 10 de junio.

"El último vuelo", el 8 de mayo.

1934: Publica en la revista Tegucigalpa, el 15 de abril, el artículo "Los periodistas y la política".

Se traslada con su familia a San Pedro Sula, donde se convierte en director del diario El Norte.

1935: Permanece dirigiendo El Norte.

1936: Se traslada a Trujillo para vivir de su profesión de litigante, decisión que le costaría la vida unos años después.

1937: Publica el poema épico "Canto a Trujillo".

1938: Publica el poema "El jardín de La Concordia", fechado en diciembre.

1939: Continúa en Trujillo.

Su autenticidad, dignidad y oposición a los desmanes del comandante de armas de la ciudad, Carlos Sanabria, le granjean problemas personales con los esbirros de Carías.

Publica en el Diario Comercial de San Pedro Sula, el 23 de diciembre, los poemas: "Tú aritmética", "Dulce mujer tardía", "Desencanto" y "Destino".

Publica también el cuento "El padre Ortega".

1940: El 4 de abril, es asesinado vilmente por esbirros de Sanabria en el municipio de Sabá, Colón, cuando regresaba de La Ceiba tras dejar a su madre, María Galindo.

El asesinato queda en la impunidad.

El 5 de abril, El Cronista publica en su página 3 el artículo "La literatura nacional está de duelo con la muerte de Arturo Martínez

Galindo” y en la página 6 el artículo “Las circunstancias en las que se produjo la muerte de Galindo”.

El 7 de abril, aparece en la revista Tegucigalpa el sentido artículo “Voces para Arturo”.

El 24 de mayo aparece publicado de forma póstuma su único libro de cuentos: Sombra.

EL ASESINATO DE ARTURO

POR JULIO ESCOTO

Era el 4 de abril de 1940 y regresaba de acompañar a su madre en La Ceiba; tras breves horas estaría en Sabá de nuevo y pronto en casa. La cauda del tren lo adormecía conforme pasaba pueblos y campos bananeros del tránsito —Belaire, Aguacate, Ilamapa, Sonaguera, Cruce en Olanchito, Coyoles Central—, con fincas bautizadas con nombres ítalos, incluso de óperas: Roma, Aída, Trovador, Reguleto (por Rigoletto) y el último, que presintió en lontananza, Elixir, sin acento, pronunciado por otros El Exir o Elisir, venido del título "L'elisir d'amore", ("El elíxir de amor"), obra de Donizetti que fuera presentada por inicial vez en un teatro de Milán en 1832. Llegó a esa estación, asió el maletín de mano y tres minutos después cayó asesinado a machete tras caminar sólo algunos pasos.

Era Arturo Martínez Galindo abogado, editor del diario sampedrano El Norte (1934), secretario general en la universidad central (1930), hijo del coronel Pilar Martínez, fallecido en batallas de Namasigüe (1907), cuando él apenas tenía siete años. Fue miembro de la comisión para litigio de límites con Guatemala pero igual organizador de ateneos (Renovación), cofundador de revista Ariel con Froylán Turcios (1926) y de otras con diversos escritores, creó el diario El Ciudadano (1933) y destacó como brillante autor de cuentos, reunidos a póstumo en el libro "Sombra", del que Óscar Acosta realizó una edición aumentada en 1996. La importancia histórica de Martínez Galindo radica en que es autor frontera entre el cuento tradicional hondureño (romántico, de la tierra o costumbrista) y el moderno. Su producción hace arrancar la cuentística nacional del siglo XX.

El homicidio produjo estupor en la sociedad. Ya en 1928 se había auto exilado en Nueva Orleans por amenaza de arresto y al retorno se casó con Laura Bennaton, yéndose a residir a San Pedro Sula y posteriormente a Trujillo, a vivir de litigante. Pero asqueado de la corrupción, el abuso al ciudadano y la represión permanente que imponía la dictadura divulgó en público sus críticas, con lo que cayó sobre él la pupila inquisidora del amo. En cierto momento refirió estar recogiendo testimonios y documentos para acusar al mayor de plaza de Trujillo, C. Sanabria, secuaz de Tiburcio Carías, por lo que la relación entre ambos sucesos —denuncia y crimen— es nada aleatoria. El asesino, que cobardemente lo atacó a mansalva, fue capturado en Sabá pero tras seis años, se dice, salió libre por haber actuado "en defensa propia". Se esfumó, es muy probable que lo hayan extinguido por saber demasiado.

Martínez Galindo fue de prosa realista, exacta y sin duda el primero que toca acá temas en lo previo tabú: incesto y homosexualidad entre otros, sin hipocresía ni tufos religiosos. Sus tramas se ubican tanto en esta tierra como en Nueva York, en la campiña como en ciudad, con personajes jóvenes como viejos, con equilibrada crudeza literaria pero a la vez con ático humor. Darío Euraque acaba de copiarme el relato que sobre su chispa y cosmopolita visión del orbe hace Marco Antonio Rosa en "Embalsamando recuerdos", juguete de picardía, banalidad y divertimento de la Tegucigalpa de la década de 1930, donde nació y yace para siempre. Honra a su memoria

DEDICATORIA

A ti, Doña María, el grande amor sin más y sin menos, la inmensa ternura permanente, el don providencial;

A ti, Luisa, mi estrella fugaz, mi éxtasis doloroso, mi alegría perdida;

A ti, Miranda inexistente, luminosa fe que dio vida a mi fe, inolvidable sombra lejana.

SOMBRA

I

La salita de Solón Perkins tenía unos grandes ventanales desde los cuales podía contemplarse todo el magnífico Puente Taft, o Puente del Millón de Dólares, como se le conoce más comúnmente, cuyo arco nobilísimo cubre la inmensa barranca donde empieza el Parque de Rock Creek. Hacia la derecha se elevaban las imponentes moles de los dos grandes hoteles: el Shoreham y el Wardman Park. El terreno es muy irregular en aquel rincón de la bella capital; la arboleda es muy densa. Aquella tarde de principios de noviembre, todo aparecía envuelto por una luz dorada y purpúrea, que no se sabía si descendía de los cielos o si ascendía de las hojas abrumadas y amarillentas ya por la influencia del otoño. Para gozar de este espectáculo yo me había anticipado a todos los demás amigos. Serían las ocho y las sombras de la noche no llegaban aún. La atmósfera fulgía como una gema en cuyas aguas palpitase la púrpura y el oro.

Perkins me recibió envuelto en su batón antiguo. Se advertía que nos esperaba ya; sobre una mesa había unas bandejas cubiertas con paños muy blancos, conteniendo posiblemente aceitunas, queso, anchoas, caviar y tostadas; en el centro de la cámara, sobre otra mesilla, se erguía un gran frasco de amplia boca, lleno hasta los bordes de un líquido transparente, y rodeado por una corte de sifones y jarras llenas de jugo de limón y de naranja.

—Mientras me baño —insinuó Perkins,— puedes empezar a beber: ese alcohol es espléndido...

Efectivamente, el frasco estaba lleno de alcohol; era nuestra bebida de los sábados: alcohol, agua seltzer y jugo de limón o de naranja. A las tres horas de ingerir ese brebaje todos hablábamos a la vez, sobre los tópicos más diversos, en inglés y en español, y nos comprendíamos perfectamente. Pedro, Manuel, Solón, Harry, Gonzalo, Frank... ¿dónde estaréis cada uno de vosotros? ¿Hacia dónde os habrán arrojado vuestra locura y vuestros sueños? Hispanos de la América febril y sajones de la América atareada que, en largas veladas de comprensión y de cordialidad, unimos el Continente Nuevo, el Continente Nuestro, ¿dónde estaréis? A todos os he perdido; todos me habéis perdido. Y vosotras, Rosalmira, Norma, Evelyn, Dorothy, Aurelia, Edna; blondas y morenas, serenas y exaltadas, sangre de puritanos y sangre de conquistadores, a vosotras también os dispersó el huracanado destino...

Aquellas reuniones sabatinas en casa de Perkins, a pesar de su rutina y a pesar de su creciente monotonía, siempre se desenvolvieron en una atmósfera impregnada de espíritu: aún oigo a Perkins recitar tan mal sus bellos poemas; aún contemplo la silueta basta y lírica de Pedro, cuyo parecido a los retratos de Rubén Darío era tan asombroso; aún escucho las canciones de Rosalmira, de Aurelia, de Dorothy; aún aparecen ante mi vista los bocetos de Edna: torsos de gladiadores, torsos de atletas, espaldas de púgiles taurinos... ¡extraño caso de contradicción espiritual!, pues Edna, tan discreta y tan frágil, tenía siempre manchados el cuello y las orejas con el rastro que dejan las bocas femeninas al besar. ¡Y aún conservo algunos poemas de Norma, poemas que ella no recitaba nunca, pero cuyas copias nos metía furtivamente, como bombones, en los bolsillos de nuestros gabanes! Y tú, epidérmica, tonta, apasionada y linda Evelyn, que todo lo sufrías sin protestar ni comprender, y te considerabas compensada si alguno de nosotros te pagaba con una caricia lúbrica, cuanto más lúbrica mejor...

En nuestras primeras reuniones, sentíamos todos una especie de exultación clamorosa al discutir sobre pintura, sobre poesía, sobre religión, y aún sobre temas tan inabordables y azarosos como la felicidad o como el futuro de la raza humana. En esas charlas, empapadas siempre de legítimo alcohol, hemos dicho grandes disparates, pero como los dijimos con sincera espontaneidad y sin segunda intención, no creo que nos hayan dejado remordimientos. Mas, cuando nos hubimos conocido ampliamente, la curiosidad ya saciada nos mató el mutuo interés, y yo creo que durante estas últimas reuniones, si no nos llenábamos todos de aburrimiento, por lo menos todos habíamos perdido el entusiasmo.

Yo me sentía muy triste aquella noche; no era la mía una tristeza incolora, hermana de la fatiga, ni una tristeza comprensible, hija de una desarmonía orgánica o moral; la tristeza mía de aquella noche era una tristeza sin causa, una genuina tristeza, una tristeza fundamental. Yo traté de sacudirla, pues siempre trato de sacudir esa tristeza mía, tan pesada. Al principio apuré muchas copas de alcohol, pero la tristeza se me tornó más torva, mucho más. Después me senté en la alfombra, a los pies de Norma, y le pedí que me contase alguna historia alegre; le pedí también que se riese mucho, y Norma, que es ingeniosa, cínica y musical, me relató varias historias regocijadas; y rió toda ella con aquella su risa que le sacudía convulsivamente su vientre plano. Yo me reí mucho también, pero mi tristeza se me quedó allí dentro, mucho más torva, mucho más tristeza. Entonces decidí retirarme:

—Me voy —les dije.

Y me fui.

Al llegar al vestíbulo del apartamiento, Rosalmira vino a alcanzarme corriendo.

—Me voy contigo —me dijo—. Son ya las dos; llévame a casa.

La ayudé a ponerse su abrigo de pieles y salimos. El automóvil empezó a rodar. Rosalmira me dijo entonces:

—Tengo hambre; vayamos a comer...

Yo dirigí mi automóvil hacia "Las Cavernas de Cristal", un cabaret, porque en Washington, a las dos de la mañana, sólo los cabarets están abiertos. Durante el recorrido, y acaso con el deseo de ser consolado, yo le dije:

—Rosalmira, estoy muy triste...

Pero ella no me dijo nada. Tal vez ella también estaba triste, y no volvimos a cambiar palabras. Además, Rosalmira tenía una reserva de ídolo azteca; durante todo el tiempo que la traté, únicamente una vez la oí desbordarse de entusiasmadas palabras, y fue cuando me relató el nacimiento de su voz: ella no creía en sus facultades para el canto; su voz era gruesa, desagradable, desigual; había intentado dejar sus estudios, pero su profesora, una italiana impulsiva y autoritaria, le había gritado:

—¡Tú cantarás!

Se había dejado imponer la enseñanza, sin fe y sin alegría, durante dos o tres años, y un día la voz nació, brotó como un manantial puro, espontáneo, perfecto. Cuando me contó esto, se le llenaron los ojos de lágrimas y finalmente acabó sollozando desbordadoramente. No he podido olvidarlo.

Entramos al cabaret. El salón estaba lleno de ruido. La orquesta lanzaba sus melodías despedazadas y estridentes. Mientras el mozo se llevaba nuestra orden, nos fuimos a bailar. Fue entonces cuando la vi por la primera vez. Rosalmira me la mostró con su honda voz de contralto:

—¡Mira esa mujer... la del traje negro!

Ella pasaba en ese instante cerca de mí: ¡mejor no la hubiera visto nunca! Vi su espalda desnuda, y en la espalda, muy abajo, casi en medio de los riñones, un lunar... ¡el lunar más lunar que yo he visto! Luego, en un giro del baile, vi sus grandes ojos y sus mejillas pálidas y su boca pálida y, a un lado de la barbilla, otro lunar. Inmediatamente se me llenó la cabeza de ideas absurdas y extrañas; yo mismo era como una persona extraña; era como si me empezase a conocer; se había hecho pedazos mi equilibrio, y mi tristeza, que pocos instantes antes constituía el punto céntrico de mi emoción, se había hecho trizas.

Al sentarnos, aunque un poco lejos, esta mujer que acababa de irrumpir asoladoramente en mi vida quedó frente a mí. Como para excusar la desnudez de su espalda, su espléndido traje de terciopelo negro subía hasta su cuello, ocultando sus senos conspicuos. Una vez, dos veces, no sé cuántas veces, nuestros ojos se encontraron. El caso era muy grave: no se trataba de aquel saetazo fugaz y hondo que nos infieren tantas desconocidas varonas, con las que tropezamos en la baraúnda de las grandes ciudades, para no volverlas a ver más; mujeres que parecen tener algo familiar, algo nuestro, y a las que vemos desaparecer, convencidos de haberlas perdido para siempre. No, era algo más; algo esencial y fundamental: esa mujer de los lunares estaba atada a mi vida inevitablemente.

Después de comer, Rosalmira me pidió que saliéramos. Salimos. La dejé a la puerta de su casa. Aunque ella vive tan lejos, yo fui y volví en pocos minutos, tal vez una media hora. Pero a "Las Cavernas de Cristal" no se puede entrar sin compañera, y el portero resistió con heroicidad mi tentativa de soborno.

—Es imposible, señor... Me echarían, señor... Yo bien lo quisiera, señor...

Estacioné mi automóvil frente a la única puerta del cabaret. Entre las tres y las cuatro, salieron muchas parejas; algunas de ellas ebrias; casi todas unidas estrechamente. Asaltaban con desgano los automóviles y se perdían en la calle desierta. A las cuatro y media salieron los músicos, los empleados, los sirvientes, y a continuación, el portero, el heroico portero insobornable, cerró la puerta.

II

Mi jefe, aquel espléndido señor que hoy sólo vive en el recuerdo de los que lo quisimos, estaba entonces muy enfermo. Hubo necesidad de trasladarlo a Baltimore. Baltimore: gran puerto, gran ciudad, ciudad histórica, llena de fábricas, humosa, atareada. Washington es a Baltimore lo que un señorito es a un obrero; Washington no sería un pobre marco para Jorge Brummell; en Baltimore puede comprenderse a Lenin y hasta dan deseos en ella de cantar La Internacional. Ambas ciudades son vecinas; las separan cuarenta millas, pero las unen los rápidos trenes y una carretera como sólo las saben construir los yanquis. Cosa de una hora el ir. En Baltimore se venden los mejores mariscos del Atlántico, y tienen un buen hospital: el mejor de América, dicen allá.

Esta ciudad tenía para mí el sagrado prestigio de conservar los restos de Edgar Allan Poe. Ahí en el patio de la iglesita de Westminster duerme el inmenso bardo, y ahí en una de sus calles antiguas, envenenado y delirante, rodó definitivamente como una piltrafa. Bajo su humilde mausoleo, sus huesos inmóviles encontraron por fin El Dorado, que él buscó inútilmente sobre la tierra inhóspita e indiferente. Y a su lado duerme también Virginia. ¿No recordáis acaso la sombra pálida de la prima tísica que lo amó tanto? ¡Virginia, con quien él tuvo hambre en Filadelfia! ¡Virginia, aterida en Nueva York! A esta pobre niña la mató la vida huraña, la vida acerba, la mala vida de los pobres cantores, que viven derrumbados bajo el peso de las fábricas, en los países donde el ruido atronador de los trenes es la sola canción.

Este año he ido tantas veces a Baltimore y siempre he arrojado diez minutos de mi vida sobre esa tumba ignorada donde el poeta duerme con su Virginia. Una ocasión en que fui con Edna, Dorothy y

43

Manuel, éste, que estaba muy borracho, al no más llegar a la tumba, nuestra tumba, se inclinó a llorar sobre ella desesperadamente. Nos costó trabajo arrancarle de allí, y un policía que se acercó a nosotros, intrigado sin duda por aquellos sollozos en un lugar donde nadie ha sollozado, con un candor y una ignorancia made in U. S. A., nos interrogó solícito:

—¿Algún pariente?

Como el gran hospital es tan gran hospital, mi jefe está mejor. Su voz se ha recobrado como su cuerpo; su voz es otra vez la voz del amo:

—Le espero a usted mañana a mediodía; tráigame los legajos que están en mi escritorio y el memorándum que quedó a medio hacer.

A las dos de la tarde del siguiente día estoy llegando a Baltimore. Hago maquinalmente el recorrido: Washington Boulevard hasta la Calle Greene; la Calle Greene hasta Fayette: aquí la tumba; sobre Fayette, en el tráfico denso del gran comercio, hasta llegar a Broadway, y luego sobre Broadway, tres cuadras más hacia la izquierda, el hospital.

Pero esta vez no ha sido todo tan sencillo; en cierta esquina me detuvo la luz roja del tráfico; la densa masa de viandantes empezó a cruzar transversalmente la calle, y frente a mí, rozando casi el radiador del automóvil, otra vez en traje negro y toda pálida y toda milagrosa, la vi por la segunda vez...

Mis ojos saltaron y se hundieron en ella como arpones, y mi anhelo, tal en un abordaje, saltó también sobre ella; la vi cruzar la calle, la vi subir la acera, la vi...

Me sacó de mi éxtasis el ruido de los cláxones; el gendarme me lanzó una mirada de enemigo y una expresión que no puede repetirse: la vía estaba franca y yo obstaculizaba el tráfico. Me puse en movimiento poseído de una alegría trepidante; nada me importaba ya; yo sabía dónde estaba; yo la había visto entrar en la tienda de la esquina; abandoné mi automóvil en el primer espacio libre que encontré y corrí al almacén. El corazón me daba golpes en el pecho. Con una precipitación angustiosa yo anticipaba la escena inevitable:

—Claudio Margal: mi nombre.

Sombrero en mano, mis ojos en sus ojos para que ella leyese en ellos su destino.

Y entonces:

—¿Eugenia? ¿Isabel? ¿Cristina?

Como las reinas. O acaso:

—¡Beatriz! ¡Ofelia! ¡Margarita!

Como en las grandes obras.

Recorrí el primer piso.

Y luego le diría... le diría que la he estado buscando hace cien años; me nacerían unas ideas parecidas a las orquídeas; pero perfumadas como las lilas o las rosas; y entonces yo se las mostraría inmediatamente y le diría que...

Recorrí el segundo piso; y el tercero y el cuarto y todos los rincones del cósmico almacén: escaleras, elevadores, bandas movibles, y mis miradas que se desmenuzaban en su busca. En el octavo piso se me cayó el sombrero y una señora le puso el pie; no me dio excusas porque yo no le di tiempo; si me da excusas me hace perder medio minuto.

—¡No tenga usted cuidado! —le dije.

Pero ella no me oyó porque cuando se lo dije yo ya estaba en el séptimo.

Una empleada del departamento de perfumes, no sé por qué, me pareció que podría estar al tanto de mi caso, que podría conocerla. Fue no más cosa de preguntarla:

—¿La ha visto usted?

Y antes de que me respondiese, que nunca me respondió, yo comprendí que no podría saber y me alejé de ella.

Muy cerca de las siete de la noche, un celador me dijo que se cerraba el almacén. Salí desencantado y agotado. En mi automóvil encontré una citación para comparecer a la corte del tráfico; había dejado mi vehículo en un sitio prohibido.

—La multa, quince dólares —me dijo el juez al día siguiente— por ser la primera vez.

Yo, que pensaba en ella, murmuré:

—Es la segunda vez, señor.

III

Serían tal vez las once de la noche, cuando salí del Constitution Hall. Los vientos de noviembre habían terminado de desnudar los árboles. Sentí frío. Instintivamente levanté el cuello de mi abrigo, pero no me decidí a moverme del andén. La multitud hacía comentarios en voz alta, mientras esperaba los automóviles.

Acabábamos de oír el primer concierto de la Orquesta Sinfónica de Filadelfia, y siempre que Stokowsky viene a Washington, hay noche de gala. El programa, para la sorpresa de los aficionados, había sido exclusivamente clásico. Lo más moderno del programa fue Beethoven, y el gran patriarca del pentagrama, el muy ilustre y armonioso don Juan Sebastián Bach, llenó casi toda la noche.

El auditorio recibió la marejada sinfónica con cierto estupor. Yo creo que el alma moderna, y muy especialmente el alma de los yanquis, es impermeable a los clásicos. Pero Stokowsky ya es distinto; Stokowsky vive en Filadelfia; Stokowsky con todo y su nombre eslavo, es un valor yanqui; y su grupo glorioso es una fuerza que suma intensidad al poderío de esos amables niños enriquecidos. Para los yanquis, Stokowsky es una institución nacional, como la Cruz Roja, como el Ejército o como el gangsterismo. Y para el extranjero que visita este país, Stokowsky y su gran orquesta son algo que hay que oír y que hay que ver para no olvidarles ya jamás. Las caídas del Niágara pueden ser más imponentes, pero no más complejas ni perfectas, porque la Sinfónica, más que un grupo artístico, es una voz de la Naturaleza.

El alma candorosa de los niños todavía se estremece al pensar en los tiempos del Viejo Testamento, cuando Dios bajaba entre truenos y rayos para hablar a los hombres. En esa edad todos quisiéramos quitarnos la sandalia frente a la zarza ardiente o ascender al Sinaí para recoger los mandamientos. Pero en estos tiempos, no podemos ver los milagros o no queremos verlos. Aquella noche de noviembre, cuando tenía frente a mí la sombra esbelta de Stokowsky, cuya cabeza de un rubio ceniciento remedaba la lámpara de Aladino, y cuyas manos y brazos ondulaban olímpicamente como si de ellos brotase el melódico acontecimiento, brazos elásticos y manos alargadas y prodigiosas que no necesitaban de la batuta para conducir ni para crear, mi vanidoso escepticismo se derritió como una vela miserable y evoqué la zarza ardiente y aquel sagrado monte, porque me estaba hablando Dios.

Ya casi toda la muchedumbre se había dispersado, cuando salió Pedro Rivero. Venían con él Florence y Bessie. Por todo saludo me cubrieron con un coro de exclamaciones:

—¡Espléndido!

—¡Soberbio!

—¡Único!

Se referían al concierto. Yo les saludé en igual forma:

—¡Único, soberbio, espléndido!

Al acomodarnos en el taxímetro, Bessie ordenó al chofer:

—¡Shoreham Hotel!

El apartamiento de Bessie, grande, dorado y frío, parecía un crisantemo. El crisantemo es sólo un esponjamiento de pétalos, no es una flor. Así esta salita endomingada de tapices y de cojines. Pero los cocktails de Bessie son perfectos; ella misma los mezcla y ella es quien los sacude. Yo me ofrezco a auxiliarla:

—¡Déjeme hacerlo, por favor!

Ella da saltitos como una chiquilla caprichosa y se niega:

—Si sólo yo los sé agitar...

Y se ríe con todo el cuerpo y me enseña todos los dientes, aún bellos y juveniles, que es lo único que le ha dejado el tiempo. Bessie tiene ya cincuenta años; tal vez más; su melena, ¡gloriosa su melena!, está ya gris. Y sus manos deben haber acariciado mucho porque se han marchitado como las gardenias que se mueren en las solapas o como las orquídeas que agonizan en los corpiños.

Florence es aún más vieja y tiene una vejez aparatosa e innoble, se ríe también con todos los dientes, pero sus dientes son grandes y feos. Hoy está llena de perlas como un escaparate de joyería. Me habla todavía de sus citas y de las llamadas telefónicas que le da diariamente un amante celoso; un irresistible amante, exaltado varón, a quien ella no vacilará en sacrificar por mí. Pero son grandes damas.

Tienen una larga historia, varias largas historias: divorcios, adulterios, viudeces y qué sé yo. Deben haber llorado mucho y deben haber reído mucho; las emociones las crucificaron en la vida, las exprimieron, les mostraron su trote y su vaivén, hasta dejarlas en lo que eran ahora: dos pobres viejas frívolas. Se están bebiendo las heces de la vida, pero se las están bebiendo a sorbos.

Cuando hace varios meses, Pedro me llevó a visitarlas por la primera vez, al notar mi desencanto por la edad de ellas, me expresó con gran sinceridad:

—¡Grandes mujeres, chico, grandes mujeres! Tal vez su piel no esté ya elástica, pero tienen todavía su hoguerita interior...

Después de cinco o seis cocktails, Pedro ha empezado a hablar de Debussy.

—La música de Debussy es el más bello de todos los silencios.

Cojo al vuelo esa frase y no la puedo comprender. Bessie está bailando sola una de esas danzas acrobáticas de Norteamérica; una de esas danzas que tienen mucho de Esparta y mucho de circo; una de esas danzas que la dejarán exhausta, con palpitaciones arrítmicas en el corazón y que no la dejarán dormir el resto de la noche. ¡Pobre Bessie!

Florence es más discreta; se recuesta en mi hombro y me mira con desmayo con sus grandes, claros y absurdos ojos.

A las tres de la mañana bebemos whisky. Pedro y Bessie han desaparecido; Florence está borracha: tiene una borrachera reminiscente:

—Era tan bella... —suspira.

Me habla de alguien a quien ha perdido; de alguien a quien dejó atrás enredada en la vieja madeja de sus años náufragos; tal vez alguna hija... Llora. Su llanto es fresco y juvenil. Me gustaría oírla llorar todo el amanecer, muchos amaneceres. En cuanto acabe de llorar yo tengo que rogarla.

—Florence, hazme el favor de seguir llorando...

Pero de pronto, en su relato hay algo que me atrae más que su llanto.

—¡Era tan bella! —prosigue—. Me enloquecían sus espaldas y su vientre tan tierno...

Indudablemente que no hablaba de una hija.

—...y tenía un lunar...

Me puse en pie de un salto, la sacudí por los hombros y la pregunté casi gritando:

—¿Dónde tenía ese lunar?

—¡Lo tenía en la espalda!

—¿Y el otro, el otro, el otro?

—Lo tenía en el vientre...

No hablaba de ella, de la mía, de la pálida mujer que estaba trepando mi vida. Florence estaba muy sorprendida; siguió llorando y yo lloré también...

Estábamos muy borrachos.

IV

Como yo tengo mi propia terapéutica, después de nuestra velada en el apartamiento de Bessie, decidí aplicarme un tratamiento de soledad y de sombra; me quedaría una semana entera encerrado en mi apartamiento. Corrí todas las cortinas y aseguré todas las maderas para hacerme una noche ininterrumpida de siete días; llamé a la oficina para decir que estaría ausente de la ciudad; ordené a la telefonista del hotel que detuviese todas las llamadas; tomé todas las precauciones; no olvidé ningún detalle: estas curas de soledad y de sombra son mucho más beneficiosas para mis nervios exasperados que las curas de aire libre y de sol.

Mientras tomaba un napoleónico baño caliente, mi ánimo se levantaba por momentos como en una resurrección. Me erguí fortalecido por la vigorosa fe e increpé a mi amada desconocida: le dije frases despectivas y humillantes, la traté como a una mujerzuela, me negué a reconocerle su derecho a la vida:

—No eres más que un pobre fantasma; no vales más que una pobre idea, que una miserable obsesión. Ya no te amo y hasta creo que no te he amado nunca. Te desprecio.

Has hecho vibrar mi inquietud, no porque valgas algo, sino por un descuido mío. Te hundiré en el arca donde reposan mis cosas olvidadas y te comerá la polilla. O te clavaré como a una mariposa oscura en el muro de mi desdén, y tus alas de terciopelo maldito ya no poblarán de vuelos nefandos mis noches. Me río de tus lunares y de tu palidez.

Ahora mismo ya no estoy seguro de haberte visto antes y acaso no te haya visto jamás. ¿Lo ves? Ni siquiera me has dado la certidumbre de que existes...

Indudablemente que la cura empezaba a operar el prodigio. Me sentía poseído de una alegría piafante, y en tanto que me arreglaba para meterme en la cama, me puse a cantar una canción, una vieja canción que cantan las gentes de mi país.

Dormí muy largas horas. Llamé al botones N.º 17, un mulato de Richmond, quien me había ganado la voluntad por su apellido. Se llamaba Joe Washington. Y me causaba una sensación hispanoamericanamente maligna el darle mis órdenes:

—¡Washington, haz que me lustren los zapatos! ¡Washington, prepárame un high-ball! ¡Washington, tráeme cigarrillos! ¡Washington, quédate con la vuelta! ¡Washington, retírate!

Me trajo el desayuno, sonriente y servicial como un prócer. Tan pronto como arregló la bandeja, corrió lleno de solicitudes para correr los cortinajes, murmurando:

—¡Lindo día, señor!

Yo le grité:

—Washington, no toques las cortinas...

Durante los dos o tres primeros días de mi cura de soledad, logré obtener la inefable sensación de aislamiento y de olvido; el reloj de la chimenea y mi reloj de bolsillo se habían parado, el uno a las cinco y diez minutos, el otro a las doce y treinta y cuatro. ¿Del día o de la noche? No me importaba: yo estaba viviendo mi larga y bella noche tranquila.

Pero poco después de aquella calma ingente, vino a mí la reacción. El fantasma tornó a cobrar alientos: su palidez, sus ojos, sus lunares, sus hombros, sus manos. ¿Dónde estaba ahora? ¿Cuál era su nombre? ¿Cómo vivía? ¿Con quién vivía? ¿Quién era ella? Y mil y mil preguntas en que se despedazaba mi ignorancia y mi pasión impotentes; mil y mil preguntas que rebotaban desesperadamente en los murallones ásperos del misterio.

Al quinto día, calculo que sería al quinto día, perdí totalmente el sueño; los baños napoleónicos no calmaban mi angustia; ya no me atrevía a abandonar el lecho y por momentos me parecía que una ola de fuego invadía mis hombros y me daba martillazos en las sienes. Y luego, como rapazuelos curiosos que atisbaban a través de las ventanas de mi vida, vi desenvolverse ante mi fiebre el ejército de los fantasmas: la primera fue Amalia, la prima rubia, dorada niña milagrosa, amor de impubertad, tierno, sencillo, casto; pétalos de una rosa desecados y emparedados en un capítulo de la sintaxis de una Gramática olvidada; una violeta que se quedó pegada como calcomanía sobre las barbas del patriarcal Jehová de mi Historia Sagrada. Y Ofelia y María Marta, novias de la adolescencia, grandes ojos negros, blandos ojos claros, cartas y lágrimas, el primer juramento quebrantado, la primera promesa sin cumplir: sueños..., noches de luna... Y la Nati, la indezuela pulposa que me enseñó la sinonimia dolorosa del amor y la carne: ¡ayer el enjambre de mis pecados en sus muslos, y hoy mis deseos escarbando su prematura tumba!

Y después... Después, la locura, la fiebre, el desbordamiento, la tormenta de los sentidos, el trote irregular de los instintos encabritados: Juanita, de dientes filosos y largas piernas estranguladoras; Inés, de vientre sísmico, perversa y maternal; Marina la adúltera, cuyos senos no le alzaron nunca el corpiño y que parecía un efebo despreocupado y cínico, repintándose de rojo las violetas pardas de sus pezones; y aquella Julia, nocturnal y exigente, encontrada en una travesía de mar: amor de siete días, amor de puerto a puerto, amor de vaivén y de espumas; y todo el rebaño de hembras apenas gustadas, que me enseñaron la desesperante diferencia entre la carne y el amor: fantasmas borrosos; nombres sin rostro como los fotograbados de los malos periódicos; rostros sin nombre como ciertos cuadros de los museos; los fantasmas que se llevaron en sus manos tibias o en sus bocas ávidas pedazos de nuestras horas, girones de nuestra angustia, hilachas de nuestro deseo saciado e insaciable siempre; fantasmas que desfilan en las noches de fiebre; fantasmas buenos y fantasmas malos: ¡Uno de ellos lleva mi nombre en el vientre nostálgico y en los senos cansados! ¡Fantasmas tristes, rebaño oscuro, pretérito dolor inolvidable!

Pero por sobre todos esos fantasmas, impuso su palidez y sus lunares el fantasma que no ha sido realidad: la sombra desconocida, mi sombra mía, actual y tremenda...

El médico del hotel estaba tomándome el pulso y me miraba con extrañeza; las cortinas estaban corridas, y a través de los cristales del amplio ventanal se colaba la noche lunar que producía reflejos azulinos en las ramas negras de los árboles, manchadas de nieve endurecida.

El botones N.º 17, siempre solícito y servicial, explicaba al galeno que yo no había comido hacía tres días, pero que no se trataba de una borrachera. Los médicos de Washington creen que todos los hispanoamericanos residentes allá pertenecen al servicio diplomático, y que todos los diplomáticos ven diablos azules.

Conocía ya aquel viejo galeno y le había escuchado muchas veces su invariable consejo de septuagenario:

—No debe hacerse todo a un tiempo: hay una hora para cada pecado y hay que poner cada pecado en su hora...

Sin incorporarme en el lecho, le di la espalda y lo dejé hablar.

V

Era el último sábado del año. La ciudad estaba toda blanca; había nevado inconteniblemente durante las últimas dieciocho horas; desde las ventanas del apartamento de Perkins, a través de los cristales empañados, podían verse los árboles, la calzada, los hoteles, los campos de grama totalmente envueltos por una blancura fría y solemne. Los amigos tardaban en llegar; algunos habían enviado excusas y no llegarían; el inútil entusiasmo de fin de año los había contagiado; faltaban no más cuarenta y ocho horas para que alborease un nuevo año.

Cuando yo llegué, Perkins estaba ya borracho, con su borrachera protocolar, silenciosa y pesada; Norma, su amante, parecía preocupada y no quería hablar. Algún día Norma se cansará de ser la amante del poeta y querrá ser la amante de un hombre, de un hombre con menos alcohol y con menos literatura. Manuel vino, apuró algunas copas, habló poco, ni siquiera se quitó el abrigo y se marchó luego. A las diez quedamos solamente cuatro: Perkins y Norma, la contradictoria Edna y yo. Edna me llamó aparte y me dijo:

—Esto ya se acabó. Norma debe querer poner en cama a su poeta. ¡Vayámonos!

Nos despedimos. Ya en la calle, Edna continuó timoneando mi voluntad:

—Llévame a la calzada del Potomac. ¡La noche está muy bella!

Cruzamos el Puente Taft, rumbo a la calzada del Potomac. Yo quise bordar una ironía:

—¡Muy bella noche: tres grados bajo cero, un cielo negro, un viento tajante...!

—Para mí es bellísima —replicó Edna—. Es la noche absoluta, perfecta, definida. La noche debe ser fría, desolada, polar. Las noches de luna son noches adulteradas. La noche debe ser la negación total de la luz, la negación total del calor.

Cruzamos frente a la antipática mole gris del Departamento de Estado; frente a la frívola y equívoca fábrica de la Unión Panamericana; frente al significativo edificio de la Marina. Empezaba el parque. En medio de la tierra blanca y del cielo impenetrable, el monumento a Lincoln instalaba su delicada silueta de templete helénico; el puente de Arlington prolongaba la blancura y el helenismo hacia las riberas de Virginia. Íbamos ya por las orillas del Potomac, desoladas bajo la noche intensa; a lo lejos se prolongaban los focos de la calzada, copiándose en las aguas inmóviles; los cerezos japoneses, a nuestra izquierda, multiplicaban la desnudez de sus ramas.

Yo empecé a sentir el encanto de la noche perfecta, de la noche-noche. Una onda de ternura me arañaba dulcemente el pecho, y el hombro de Edna, que descansaba gratamente sobre mi hombro, ayudaba a calentar la marmita donde suelo poner en ebullición mis confidencias. Suavemente detuve mi automóvil, interrumpí el motor y apagué las farolas. Edna, en su éxtasis como si estuviera viviendo dentro del corazón mismo de su noche perfecta, no me dijo nada ni cambió de postura. Yo inicié entonces mi confidencia y me volqué en su corazón sin violencias; le hablé como un niño que hablara a su madre; como un niño cansado que no pudo coger mariposas en los jardines; le detallé mi caso, mi pasión, mi grande amor; pormenoricé mis angustias por la amada inalcanzable; le pinté el tormento inquisitorial que me hacía sufrir la busca de aquella mujer, la única mujer, mi mujer, la deseada, la esperada, la hembra innominada e irreal. ¿Dónde viviría? ¿En Washington? ¿En Baltimore? ¿Acaso era ya ajena? ¿Acaso ella me esperaba también?

Por una hora vertí todo mi haber emocional, todo mi tesoro sentimental, toda mi fiebre instintiva, toda mi vibración íntima, todo mi anhelo, mi sueño todo. Todo lo vertí en aquella hora perfecta, dentro del misterio de aquella noche tan noche, con una sed inenarrable de ser consolado.

Edna se irguió lentamente; lentamente me volvió su rostro comprensivo y yo me di cuenta de que la palabra balsámica iba por fin a cubrir la crueldad de mi llaga. Me clavó sus ojos tranquilos y me preguntó:

—¿Y no le has puesto nombre aún?

Y como yo no comprendiera lo que quiso decir, continuó:

—El fondo no es original; ya otros abordaron ese tema; ya se conoce. Pero su forma es nueva, tiene calor, me gusta. Yo creo que debes publicarla, porque la forma es lo esencial.

Sentí deseos de estrangularla.

—Pero ¿no te das cuenta de mi dolor? —la dije casi gritando—. ¿No comprendes que no es literatura sino vida? ¿No ves que me ha llegado el grande amor, el amor perdurable, la pasión ingente que trenza los instintos a las cosas espirituales? ¿No comprendes que el encuentro de esa mujer es una necesidad fundamental para mi vida toda?

Hubo un corto silencio antes de que ella volviese a hablar. Se había recostado nuevamente sobre mi hombro. Sus ojos parecían inmovilizarse sobre el cristal del río inmóvil. En sus labios parecía flotar una sonrisa.

—¡Arquitecturas cerebrales! —exclamó casi con repugnancia—. En nosotros todo se ha reducido a eso: a arquitecturas cerebrales. Hemos desnaturalizado lo natural. Nos hemos desnaturalizado nosotros mismos. ¿Qué tienen que ver la pasión y el instinto con nuestra manera de amar? Pertenecemos a una casta artificial, desconectada de lo humano, desconectada de lo permanente, desconectada de la especie. Somos haces de nervios fatigados y enfermos. ¿Cómo podría la naturaleza encontrar en mí una madre? ¿Cómo podría encontrar en ti un padre, el macho protector de la hembra y la prole? Encontrarías tú a esa mujer, únicamente para convencerme de que no era ella la mujer que buscabas, porque no existe esa mujer, como no existe ya ese hombre para nosotras. Aman los campesinos; tienen instintos los obreros; la especie aún confía sus mandatos a los comerciantes; pero no podría confiar sus mandatos a los que nos hemos desertado de la Naturaleza. Se ha formado ya un mundo irreal, el mundo nuestro, contrapuesto al mundo real. Y lo que llamamos nuestros instintos, nuestras pasiones y nuestra humanidad, no son más que remedos de instintos, remedos de pasiones, remedos de humanidad. Todo es artificial en nuestra vida: vivimos en un plano de indiferencia moral: somos estériles, física y moralmente estériles, o mereceríamos serlo. Pero tengamos al menos el valor de reconocer la inutilidad de nuestra inútil función en el mundo...

A medida que Edna hablaba, sus palabras adquirían en mis oídos la insistente crueldad de un inclemente trépano. No quise o no pude decirle nada. Encendí las farolas del automóvil, puse a andar el motor y seguí dándole la vuelta a la calzada para regresar a la ciudad. Crujía la nieve bajo la goma de las ruedas. Por un claro de los árboles vi la silueta imponente del monumento a Washington, padre de la inmensa nación; el obelisco, iluminado desde abajo por los poderosos reflectores, alzándose en la noche negra, parecía la imagen de un Ku-Klux-Klan, y sus ventanillas semejaban dos ojos insomnes que velasen sobre la conciencia de Yanquilandia.

Al llegar a la puerta, Edna, con el más insinuante de sus gestos, poniendo su suave mano enguantada sobre mi hombro, me invitó:

—Entra conmigo. Todavía es muy temprano. Te preparé una taza de café.

Acepté y entramos. Edna se despojó de su abrigo y fue a buscar el percolator.

Sobre la chimenea había un marco de ébano desde donde sonreía el Teniente Parkhurst, muerto en la Guerra Mundial. El Teniente Parkhurst, al morir, dejó una viuda, Edna; una hija, Didine, y una pensión. Retiré mis ojos con disgusto de aquel cuadro, porque la sonrisa del Teniente siempre me fue desagradable.

Edna se arrellenó a mi lado, en el diván amplísimo; se rodeó de cojines y encendió el cigarrillo que le ofrecí.

Nuestra conversación se hacía difícil. Algo se había interpuesto entre nosotros. Edna comprendía que me había disgustado su comentario, pero no parecía arrepentida de haberme dicho lo que pensaba. De pronto, se abrió sin ruido una puerta del fondo y Didine apareció en el umbral. Vestía unos pijamas de un azul oscuro, casi negro. Su melena rubia revuelta y sus ojos adormilados le daban un doble encanto. Al pasar junto a mí me extendió una mano y fue a recostarse sobre el regazo maternal. Sus quince años de niña atlética, sana, recién núbil, resaltaban turbadores bajo la seda pesada de los pijamas. Edna le rodeó los hombros con su brazo y empezó a reprocharla cariñosamente:

—¿Cómo te quedas tan tarde sin dormir? ¡Mi nena, mi nena dulce!

Didine se dejaba acariciar como una gata familiar. Luego levantó el rostro encendido hacia su madre, arqueó los senos menudos, y le ofreció la boca: se la ofreció entreabierta, rendida, total. Edna vaciló un instante, como turbada por mi presencia, pero en seguida, con una avidez incalificable, la besó, la besó...

Recogí mi sombrero y mi abrigo, y salí sin volver la cabeza.

VI

Cuando salí de Washington, los árboles estaban cubriéndose nuevamente de hojas. En algunos jardines los tulipanes formaban círculos y estrellas en los campos cubiertos de grama tierna. La primavera ponía su dedo mágico en todas las cosas.

Pero las circunstancias que rodearon mi partida hicieron de ésta un acontecimiento para mí muy penoso. Abandonaba la bella capital dejando en ella todas las posibilidades de encontrar a mi desconocida. Me llevaba mi esperanza hecha andrajos, mi anhelo en piltrafas, mis sueños despedazados. ¡Cuánto había ansiado yo mi traslado a Europa! ¡Cómo me habían parecido ignominiosamente lentos los meses y los años que transcurrieron sin que llegase mi hora de salvar el Atlántico! Y ahora que el momento había llegado, todo mi afán era permanecer en esta América donde vivía la mujer inalcanzada y sin nombre.

Mis últimas semanas en Washington habían sido de una dolorosa inquietud; todas mis horas libres las dediqué a su busca; todos los días renovaba mi andanza inútil; todos los días visitaba los lugares donde ella podría estar y aún aquellos donde me parecía imposible que ella estuviese nunca. Me recogía a mi apartamiento agotado, anonadado, desencantado, pero vencido no. ¡Ah, invierno tan largo y tan cruel!

Desde que Edna acogió mis confidencias con su crueldad y su cinismo, mi dolor y mi angustia se centuplicaron porque no podía compartirlos con nadie. Mi espíritu se recogió en sí mismo y no me sentía dispuesto a permitir que mis amigos profanasen con su frivolidad o su irrespeto aquello que para mí era sagrado entre lo sagrado.

Aquella noche, al llegar a Nueva York, me fui directamente al hotel y ya no salí más. Me sentía como el jugador que ha perdido en un solo albur toda su fortuna o como el coleccionista de objetos de arte a quien se le ha caído de las manos una porcelana inapreciable y se le ha hecho añicos a sus pies. ¡Era lo irremediable! Me parecía encontrarme fuera del tiempo y fuera de la realidad.

Al día siguiente, y como el vapor no zarparía sino hasta las dos de la tarde, quise aprovechar la mañana visitando el Museo Metropolitano. No me atraía el Museo en lo general, sino una obra sola. Su contemplación sería como una anticipación de la Europa que yo tenía en mi cabeza: no la Europa rapaz de los Mussolinis; no la Europa brutal de los colonizadores; no la Europa calculadora y comercial de los buscadores de mercados, pero sí la Europa luminosa de los pensadores y de los artistas.

Crucé las amplias salas de la prodigiosa institución; tenía que hacer un esfuerzo para no detenerme ante los maravillosos tesoros que allí se guardan; La Mano de Dios, de Rodin, fue lo único que me robó un cuarto de hora intenso... Y por fin encontré lo que buscaba: El Salero, de Benvenuto Cellini... ¡En aquella joya milagrosa empezaba mi Europa!

El trabajo es un delicado capricho en oro y esmalte; le sirve de soporte una tortuga de unas cuatro pulgadas de longitud, cuya concha está esmaltada a cuadros negros; exactamente sobre esa concha hay un dragón, más bien en actitud de agresión que de vuelo: sus alas levantadas, las garras abiertas, roja su lengua que brota como una llama de las fauces diabólicas, la cola retorcida en un anillo como de serpiente; el esmalte de la cola es color de cantárida; descansando directamente sobre las alas y sobre la cola del dragón, hay una valva de ostra, de oro macizo, sin esmaltes, con su concavidad hacia arriba; y en el pegue de la valva se yergue una inefable esfinge, tocada su cabeza con un turbante egipcio, franjeado de vivísimos colores entre los que predomina aquel azul faraónico, que tiene mucho de añil y mucho de violado; el pezón de los diminutos senos es prominente, y en las ancas de leona y en las garras el color de cantárida torna a imponer su fiebre...

Mis ojos se agrandaban ante aquella creación del genio perdurable. ¿Dónde la concebiría el impetuoso artista? ¿Fue en la Roma de Julio II? ¿Fue acaso en la Florencia milagrosa del Magnífico? ¿Sería en la corte de aquel Valois que no perdió el honor? Benvenuto debió concebirla y realizarla entre un beso y una puñalada, porque fue entre crímenes y amores que se impuso al mundo el signo viperino y aquilino de aquel genio.

Dos horas largas mis ojos se concentraron infatigados sobre el prodigio y paulatinamente alzó y tomó formas en mi espíritu su recio simbolismo: Benvenuto nos legó en esa joya su concepto de la vida, un concepto que ha venido flotando sobre los espíritus superiores desde el principio de los tiempos, que pasa rozando las frentes iluminadas y que se perderá en las brumas de los siglos futuros: la tortuga representa el paso lento de la vida del hombre, la tardía seguridad de las cosas reales, sobre la cual, el dragón es la fiebre, la inspiración, las fábulas del espíritu, la filosofía, el arte, los divinos engaños con que pretendemos ponerle alas a la tremenda lentitud inevitable... Y la valva de oro sólido es el recipiente donde ponemos nuestra sal, nuestra elección, la sal que es a la vez el signo de la maldición y la purificación; coronado todo por la Esfinge, por el silencio inmutable, por la respuesta que no se nos da nunca, por el velo impenetrable que no podremos desgarrar...

Las horas apremiaban y salí del Museo. Un taxímetro me transportó hasta los muelles del río; como mi equipaje había sido enviado ya desde el hotel, me deslicé entre la inmensa muchedumbre que llenaba el embarcadero; la muchedumbre de los que se alejaban y los que se quedaban; nudos que se desataban llorando, como en el nacimiento de los hombres o como en la agonía de los hombres.

Mas para mí no tenía significado todo aquello; mi verdadera partida había ocurrido en Washington; aquí nadie vendría a decirme adiós y nadie me esperaría al final de mi viaje. Llené maquinalmente las pequeñas formalidades y me hice conducir hasta mi camarote, pero como me oprimía el pecho una emoción que no podía definir, decidí presenciar la faena del desatraque. Estaban soltando ya las amarras; el inmenso transatlántico empezaba a despegar; los remolcadores le ayudaban como niños que conducen a un ciego de la mano; el gigante del mar, el caminador de las tempestades, no podía moverse en las aguas estrechas... Ya el barco estaba girando sobre su eje, ya desatracaba, estaba libre ya. Sus movimientos eran lentos pero seguros. Cientos de pañuelos agitaban el aire desde los puentes y desde el muelle. En diferentes lenguas cientos de voces se mezclaban trenzando ese rumor inconfundible de las despedidas de los grandes vapores. Iban y venían las palabras; algunas frases no llegaban ya y otras llegaban mutiladas como los clásicos mármoles. Pero en cambio, llegaban los ojos húmedos y llegaba el signo blando de las manos.

De pronto... de pronto, entre la inmensa muchedumbre que se amontonaba en el muelle, la vi por última vez. Sus ojos estaban agrandados por el magno cristal de las lágrimas, y en sus manos un pañuelo menudo se agitaba desconsoladamente... ¿para quién?

Sin fuerzas para soñar ni para desear, derrotado al fin, empecé yo también a agitar mi pañuelo, pero mis ojos se quedaron secos, como mi boca y como mi vida.

¡Era un fantasma! ¡Fue no más una sombra!

Me sentí solo, tenebrosamente solo. Todas las sombras de mi vida me arañaban el corazón.

Todos somos sombras: Pedro, Manuel, Aurelia, Rosalmira...

...y tú, la Inalcanzada,

y yo, Claudio Margal...

EL PADRE ORTEGA

A Alejandro Castro H.

—¡Marta! ¡Marta!

Al mismo tiempo que gritaba este nombre, el Padre Ortega se levantaba de su sillón de cuero y se dirigía parsimoniosamente hacia el otro extremo de la estancia, allí donde en su hornacina de cedro, abría los brazos un crucifijo de buen tamaño. A su llamado llegó corriendo por la puerta que daba al patio una muchacha descalza; venía secándose las manos en el delantal prendido a su cintura; precipitadamente, con gestos maquinales de quien ha hecho algo cien veces, desató el delantal de la cintura y lo tiró medio extendido sobre un arcón, llevó ambas manos con rapidez a su cabeza, y una sola vez se alisó los cabellos; luego, calladamente, cayó de rodillas frente a la hornacina, al lado del padre que permaneció de pie. Se santiguaron y el sacerdote inició:

—El Ángel del Señor anunció a María...

La voz del Padre Ortega era una de esas voces veladas que parecen ocultar algún secreto. Las palabras de Marta alternaban en el rezo con sus notas agudas y exultantes. Al terminar los padrenuestros, las avemarías y las jaculatorias del Ángelus, tornaron a persignarse. La moza fue a traer el sillón de cuero para que se sentase el padre, y atendiendo a que las sombras habían caído, encendió una vela, fue a revolver en la repisa hasta encontrar un libro con envoltura de cuero negro, y lo puso en manos del sacerdote; en seguida se quedó muy quieta, al lado de la silla, teniendo en su mano la vela para alumbrar la lectura. Se trataba de las Meditaciones y el Manual de San Agustín. El Padre Ortega hojeó un momento el volumen, vaciló algunos momentos entre una página y otra, y al fin empezó con aquello de:

"Las alabanzas que da el ánima a Dios, contemplando su soberana majestad."

El Padre Ortega leía mal; su voz uniforme daba al texto místico una somnolienta monotonía; él procuraba acentuar algunos pasajes, mas sabiendo que no lo conseguía, intercalaba su lectura con exclamaciones como estas: "¿Has oído, Marta? ¿Comprendes, Marta?" Esta noche, como si tuviese un interés especialísimo, leyó y releyó el pasaje que dice:

"Pero nuestro ánimo suba de estas cosas bajas, y traspase todo lo criado, corta, suba y vuele, y dejando todas las otras cosas, fije los ojos de la fe cuanto pudiere en Aquél que las crió todas. Yo, pues, haré una escalera en mi corazón y unas gradas para subir a lo más alto de mi ánima; y por ella subiré a mi Señor que está sobre mi cabeza. Despediré con una mano fuerte, y apartaré, lejos de la vida de mi corazón, todo lo que se ve en este mundo visible..."

Luego, insistía tercamente:

—...y dejando todas las otras cosas... ¿comprendes, Marta?... y apartaré con una mano fuerte, lejos de la vida de mi corazón, todo lo que se ve en este mundo visible... ¿lo has oído, Marta, lo has oído bien?

Y no parecía satisfecho, aunque a cada una de sus preguntas respondiese la voz presurosa de Marta para decir:

—He oído, sí Padre, lo he oído bien...

Terminado el ejercicio, Marta se levantó santiguándose, recogió su delantal y empezó a tender un mantel de grandes cuadros azules sobre la mesa; luego arregló la vajilla tosca y pesada, y en pocos minutos humeaba invitadora la cena sencilla del Padre Ortega. Este comía despacio, y aunque relucían los cubiertos a su alcance, él los desdeñaba y prefería comer con los dedos, unos dedos temblones, largos, secos, peludos y manchados de nicotina.

—Así la comida no tiene sabor a metal —se disculpaba, cuando había alguna persona extraña observándole.

Y gruñía a medio comer, gruñía como un marrano hambriento, y al tragar, quizá porque los bocados fueran muy grandes o porque los deglutía incompletamente con sus escasos dientes, siempre hacía un gesto peculiar, estirando el pescuezo y la cabeza hacia adelante, como los pavos.

El Padre Ortega tenía muchos años, más de ochenta, pero se movía con cierta energía, a pesar de su reumatismo que lo hacía sufrir tanto en los inviernos y que le había derrengado una pierna y lo había dejado cojo. Cojeaba con un movimiento giratorio de todo el cuerpo que daba la sensación de que quería regresar a cada paso. Había vivido su vida entera sofocado y dominado por una hermana mayor, la Sebastiana Ortega, solterona, iglesiera y fanática. Ella lo crió desde que perdieron a su madre; ella lo enfundó en la sotana; ella lo hizo a su manera: terco, tonto y bueno.

Si el Padre Ortega era bueno lo sabían los vecinos del curato, y lo aceptaban y declaraban como una verdad. Con esto queda dicho todo, pues aquellos vecinos montaraces y desconfiados no se dejaban convencer fácilmente. Pero habían visto al Padre Ortega, durante más de medio siglo, sin aguardiente y sin barragana, haciendo el bien siempre que podía, y quedaron convencidos de su virtud.

Cierto día, hacía diecisiete años, Bastiana, que acostumbraba desempeñar el papel de enfermera visitadora entre la pobrería, llegó a la casa cural muy sofocada, llevando bajo el brazo una gran cesta, y luego llamó a gritos a su hermano:

—¡Señor Cura! ¡Señor Cura!

Al principio lo llamaba así, un tanto para enseñar a los vecinos el respeto debido a la dignidad de su hermano, y dos tantos para regodearse en la satisfacción de su sueño realizado. Después siguió llamándolo así por hábito, porque ya no sabía llamarlo de otra manera. Mas a pesar del "señor Cura", lo tuteaba, lo gritaba y lo zarandeaba, en público y en privado, como si todavía fuera el mocoso desteñido de sesenta años atrás, que se orinaba en los pantalones.

Aquella vez los gritos eran más imperiosos que de ordinario. El Padre Ortega se acercó a ella, arrastrando la pierna enferma. Bastiana levantó la tapa de la cesta, lo obligó a mirar su contenido y le ordenó:

—Anda a colgarte los perendengues, que vas a bautizar este pellejo.

En el fondo de la cesta, entre trapos percudidos, había un nudito de carne rojiza que chillaba como un gato tierno. Bastiana explicó a gritos, mientras iba y venía en los preparativos, que la madre había muerto del parto, y que el padre era una bala perdida. Dijo nombres conocidos del pueblo, lanzó juramentos, y después fue a buscar a Don Bartolo, un ganadero, vecino de puerta con puerta, y sacristán voluntario y ad honorem.

—Este será el padrino —sentenció Bastiana, señalando con el dedo a Don Bartolo—; y el niño se llamará Pedro, como el apóstol.

Ya se había traído el agua bendita y ya empezaba el Padre Ortega a tartamudear sus latinajos, cuando le asaltó una duda, tal vez la única duda de su vida; se puso todo rojo, bajó los ojos y preguntó:

—¿Estás segura, Bastiana..., estás segura de que puede llamarse Pedro?

Bastiana se acortó; tal vez la única vez en su vida que se acortó; le arrebató el bulto de las manos al sacristán, lo registró con decisión, mientras se veían surgir de los trapos unas patitas flacas como de rana, y luego sentenció:

—Se llamará Marta y yo seré la madrina.

Así vino Marta a la casa cural.

Bastiana reventó un día, hacía cinco años, con la misma decisión que había demostrado en todos sus actos. Un mediodía, poco después de almorzar, mientras remendaba una sotana deslustrada del Padre Ortega, le subió una sombra roja a la cara y rodó al suelo sin sentido. Ya para morir, el color rojo del rostro se le tornó violáceo, cárdeno. Sólo duró dos horas.

—Se le rompió una vena del corazón —explicó el curandero.

Pero una vecina de mucha experiencia y muy vieja no aceptó el veredicto.

—No se le ha rompido nada a la Niña Bastiana —argumentó—. A la Niña Bastiana la mató la gota; se le subió la gota a la cabeza; cuando la gota se sube a la cabeza, no hay remedio.

La enterraron en cajón blanco porque murió doncella, incontaminada de varón. Sobre el cajón pusieron una palma blanca de papel de China.

—Su palma bien merecida —comentaba el mujerío.

El Padre Ortega le cantó en un latín lloriqueante los responsos, mientras Bastiana mostraba al público por última vez su perfil de lora picotera. Y esa fue la primera vez en que Bartolito contestó los cánticos y jaculatorias, porque Don Bartolo, su padre, había reventado el año anterior, a consecuencia de un dolor cólico.

A Bartolito ya le apuntaba el bozo y tenía una voz firme y grata.

—Domine, exaudi orationem meam —lloriqueaba el Padre Ortega.

—Et clamor meus ad te veniat —secundaba el mozo.

Bartolito, como Don Bartolo, nunca supo el significado de aquellas palabras, pero ambos las gritaron por muchos años, ante el asombro de las gentes. Mas si ellos no comprendían nada, ahí está el Buen Dios que todo lo comprende.

Muchas preocupaciones asaltaban al Padre Ortega sobre el porvenir de Marta, a quien amaba como una madre. Él mismo se lo decía: —Mi cariño para ti, Marta, es el cariño de una buena madre. Yo soy tu madre.

Y se le humedecían los ojos por la emoción de esta insospechada maternidad. Otras veces se le achicaba el espíritu, acobardado acaso por las embestidas de su soledad.

—¡Marta, Marta, ay Marta! —suspiraba quejumbroso—. Somos dos pobres huérfanos, no tenemos padres que velen por nosotros...

Y en esos ataques de infantilismo octogenario, era Marta la madrecita que lo consolaba y alentaba:

—No se ablande, mi Padre, que usted me tiene a mí..., yo velaré por usted.

Pero el Padre Ortega tenía sus dudas. Marta acababa de cumplir los dieciocho años y estaba hecha una mujer. Luego, ahí estaba Bartolito; se le veía en los ojos a Bartolito, y a Marta también se le veía en los ojos. Un día el Padre Ortega llamó al mozo, y en presencia de Marta le dijo sus verdades:

—Con Marta no hay arreglos, Bartolito. Está de más...

Bartolito respingó como un potro, pero le respondió con comedimiento:

—Padre Ortega, yo no quiero mal a la Marta, y si pensaba decirle unas palabras, era entendido que lo haría con su permiso y con su bendición.

—¡Majaderías! —atronó indignado el Padre Ortega—. ¡Zarandajas! ¿Qué bendición ni qué palabras! Te vas de aquí y no vuelvas, grandísimo gandul.

Después de esta escena, el Padre Ortega se sintió más tranquilo. Bartolito no volvió nunca a la casa cural. Marta demostró al principio su disgusto; hablaba poco y parecía desmejorarse; pero eso sólo fue al principio; después tornó a reír y parlotear como antes.

—Así es el corazón humano y el amor del mundo: variantes, ondeantes y sin consistencia —pensaba el Padre Ortega.

Y todas las tardes, a la hora del Ángelus, cimentaba su labor cristianísima de limpiar de pasiones insanas a Marta, y de prepararle su ánima para el amor celestial y eterno, que sólo arde para el Sumo Creador y que sólo a Él es debido. Y tras de las Meditaciones y Manual de San Agustín, Marta tuvo que oír la lectura confortante de La Imitación de Kempis.

—Kempis es para el alma, como el alimento es para el cuerpo, Marta. Somos sombras vanas, sólo eso somos mientras no nos ilumine la Luz Eterna.

Y al ver los ojos primaverales y la boca fresca y las ubres trémulas de la muchacha, el Padre Ortega no sentía vacilar su fe y su esperanza, sino que las blandía como un arma sobre la cabeza de Marta y terminaba agitando sus dedos peludos e inocentes y gritando encolerizado:

—Nada somos, Marta, somos nada, nada..., porque somos hechos de carne miserable y la carne es una porquería, ¿me oyes bien, Marta?, la carne es una porquería...

El Padre Ortega despertó sobresaltado aquella noche. Había oído un ruido extraño dentro de la casa. Se sentó en el lecho y aguzó los oídos. Era una ventana que batía el viento. Encendió una vela y miró el reloj; eran las dos de la mañana. Metió los pies en las chancletas, se envolvió en la sábana, cogió la vela y se dirigió hacia el próximo cuarto, donde Marta dormía. Era la ventana del cuarto de Marta, que daba al patio, la que se batía.

—¡Qué descuido de muchacha! —pensaba—. Con estos vientos fríos y dejar la ventana mal cerrada.

Iba arrastrando las chancletas sin hacer ruido, para no despertar a la moza, pero al penetrar en la estancia el Padre Ortega se detuvo pasmado. Sobre el lecho revuelto Marta estaba desnuda, totalmente desnuda, y a su lado dormía Bartolito, como un Eros cansado, los cuerpos juveniles muy juntos, en un grato abandono. Cuando pudo reponerse de su asombro, el Padre Ortega se quitó la sábana que llevaba sobre los hombros, y cubrió a los amantes.

—¡Cochinos! —murmuró—. ¡Buena pareja de cochinos!

Y salió de la alcoba. Con la vela encendida en su mano temblona, su camisón de dormir que le caía hasta los tobillos, su gorro de noche y su andar derrengado, parecía un fantasma. Se sentó en el borde del lecho; sus ojos tropezaron con el crucifijo de su mesa de noche; lo contempló largo rato con los ojos enrojecidos y secos; la vela se le cayó de las manos y se apagó. El Padre Ortega se echó de bruces sobre el lecho y rompió a llorar. En la sombra densa, se escucharon por mucho rato sus hipos y sus razones entrecortadas por el llanto:

—¿Qué voy a hacer yo ahora... Dios mío... qué voy a hacer? ¿Por qué lo permitiste, Señor?... ¡Marta... hija mía... mi Marta!... ¡Grandísimos cochinos...!

Y el viento siguió batiendo la ventana.

1930.

AURELIA SAN MARTÍN

A Enrique Peña Barrenechea

Yo hacía por entonces la travesía del Mar Caribe en uno de esos vapores de la Flota Blanca, que transportan a los estruendosos Estados Unidos los bananos que se cosechan en las costas ardorosas de la América Central. Me dirigía a Nueva Orleans. Casi todos los pasajeros éramos originarios de esas amadas tierras que se extienden, —azules, azules— desde el Río Bravo hasta el Canal de Panamá. Era en los buenos tiempos cuando estos vapores no iban abrumados con el rebaño de turistas yanquis.

Este viaje no podré olvidarlo jamás. He pasado innúmeras veces por el mismo mar, por el mismo Golfo de México, pero no han sido como aquella vez. Recuerdo todos los detalles; se me quedaron grabados para siempre en el corazón, el color de aquellas horas, el grado de calor de aquellas horas, y hasta el olor de aquellas horas.

Entre los pasajeros recuerdo un coronel nicaragüense, caído en desgracia, que emigraba de su país, y quien, si no se sentía muy seguro de sus galones, por lo menos confiaba en su pericia como conductor de automóviles y esperaba encontrar trabajo en el primer puerto de la grata Yanquilandia. Lo vi después metido en su uniforme, con su gorra amarilla, frente al timón de un taxímetro. Recuerdo asimismo un sirio barbado y prolífico, quien, después de haber amasado un capital considerable en la reventa de abarrotes, y después de haber anonadado a su mujer, impersonal y anémica, con la friolera de ocho mocosos, todos ellos nacidos en las tierras amadas del trópico americano, regresaba a su predio hogareño, por la amable vía de la amable Yanquilandia. Este sirio narigudo era el rico del pasaje.

En tal barco y en tal ocasión conocí también a la mujer más fea del mundo. Se trataba de una solemne irlandesa, de seis pies de estatura. Hasta los hombros era una mujer, una mujer muy alta, si se quiere, mas al fin una mujer... pero sobre sus hombros usaba una cabeza de hombre. Imaginad una gran cabeza de hombre; bajo un frontal inmenso, estallaba una inmensa nariz, como si se tratase de un fabricante de perfumes; era una nariz obsesionante, una colosal nariz atacada de expansionismo imperialista. El sirio narigudo no era más que un pobre chato frente a los formidables órganos olfatorios de nuestra irlandesa. Y su boca no evocaba el beso, sino el bigote; viéndole la boca sólo se me ocurría ajustarle unos marciales bigotes germánicos. Además, usaba gafas para agrandar unos ojos sin expresión, como los que acostumbran los gerentes de los bancos. ¡Y qué maxilar inferior! Si recordáis el crimen de Caín, ya no diré más. Y lo más asombroso era el contraste: nunca oí una voz tan femenina, tan cristalina, tan cariciosa, como la que brotaba de aquella boca tan militar. Una grata voz convincente.

Una ocasión me dirigió la palabra para preguntar:

—¿Es este su primer viaje a Norteamérica?

Yo le contesté afirmativamente. Entonces, acercándome mucho la cara y bajando mucho la voz, me dijo casi en secreto:

—Pues corre usted un gran peligro.

Yo temblé. Ella continuó en el mismo tono misterioso:

—Fíjese mucho en las señales... (pausa expectante, en la cual yo sentía que se me paralizaba el corazón)... porque si atraviesa Ud. una calle cuando alumbren las luces rojas... (postrera pausa que me desorbitó los ojos)... lo aplastarán los automóviles...

Dijo esto en una forma tan insinuante y tan trágica, que yo sentí que me partía la columna vertebral una media docena de camiones. Y fue más o menos profética; digo lo de más o menos, porque falló en el color y en la ubicación de las luces; algunos meses después, unas grandes luces verdes, encendidas bajo unas espléndidas pestañas negras de mujer, casi permiten que el carro de la muerte me rompa los riñones.

Pero falta aún el último detalle, para vosotras las damas escépticas que aseguráis que ha muerto en los hombres el coraje: la mujer más fea del mundo es la esposa feliz de un guapo mozo. Al despedirla del puerto, allá en las tierras tibias del trópico, él la besó en la boca y se quedó largo rato en el muelle, agitando férvidamente un pañuelo blanco. Yo lo vi.

Y discurría asimismo de babor a estribor, metido en su traje raído, flaco, sonriente y personalísimo, Don Erberto Fréquez, un viajero impenitente que ha fatigado las lejanías. El Japón, la China, la Rusia asiática, los mares de la India, toda Europa y América toda, eran lugares familiares para Don Erberto. Don Erberto no tenía un céntimo, pero viajaba. Este hombre prodigioso parecía tener prodigiosos entronques con todas las compañías navieras; debería ser también prodigiosa su influencia en el ánimo torvo de los ferrocarrileros y hoteleros de los dos mundos. Don Erberto viajaba sin monedas, como las aves y como los poetas. Algún día dedicaremos un capítulo especial a este ser extraordinario, a quien hemos visto cabalgando un trotón de alquiler por las montañas de Honduras, y cuya mano hemos estrechado en un teatro de Nueva York, la víspera de zarpar para un puerto lejano, ubicado no sé si en costas de Noruega o frente a los mares de la Australia vibrante.

Entre toda aquella abigarrada gente llamó mi atención un norteamericano, que había trabajado veinte años en tierras indo-hispanas, y regresaba pobre a su país. ¡Un norteamericano que regresa pobre de los trópicos! Me llamó la atención porque a pesar de este detalle no me pareció tonto. Le oí discurrir sobre diversos capítulos; hablaba con propiedad y con agudeza, ya en castellano, ya en inglés. ¿Sería un hombre honrado? El caso requería una cuidadosa atención, y yo se la hubiera prestado con entusiasmo de no haber agitado frente a mí la carraca de oro de sus primaveras, la niña del camarote número 10. A ella se debe que yo recuerde tan prolijamente todas las personas y todos los detalles de aquel viaje.

La niña del camarote número 10 había subido la última en Cristóbal. Desde lo alto del puente yo la vi bajar del cochecito de punto; la vi subir ágilmente la escalera, toda blanca desde los pies y toda sofocada y encendida por el sol. Nadie la había acompañado hasta el muelle; nadie la acompañaba en el viaje, y tenía no más de veinte años. Nos acercó una sonrisa, una mañana, nuestro segundo día de mar, cuando los peces voladores nos brincaban en las pupilas. Y nos acercó también esa incomprensible camaradería que sienten todas las personas en las travesías marítimas. Tal vez en tierra esa sonrisa no habría bastado. Hasta la altura de Yucatán, ella me ocultó su nombre y su pequeña historia, lo que me permitía llamarla a mi placer.

En los amaneceres, cuando el mar estaba fresco como una persona que saliera del baño, ella fue para mí Alba, Luz, Margarita; en los mediodías, cuando el calor hacía crujir las maderas, yo, enfermo de abstinencia y de mal deseo, la nombré Doña Sol, porque se me aparecía como un encendido pecado mortal; y a plena noche, cuando una luna anémica subía como un gato sutil, por las arboladuras, en el rincón penumbroso del puente, ella adquiría un nombre tibio, penumbroso y sensual: la llamé Mía.

Pero no vayáis a creer cosas desagradables por esta confidencia. La niña del camarote número 10 era pura, tenía el alma limpia. Mi sangre y mis instintos se aquietaron a su lado; en su compañía viví largas horas inolvidables, tranquilas, serenas, a pesar de la malvada sugestión del mar, pues las olas se abren como mujeres y las proas asaltan como varón.

Una noche me relató su cuento, el cuento de su vida. Su voz se deslizaba como un arroyo de agua dulce:

—Yo sé que se juzga mal a una mujer de veinte años, que viaja sola. Pero yo estaba obligada a efectuar este viaje; era una exigencia imperiosa de mi vida; si yo hubiera vacilado, jamás se habría cumplido mi destino...

Hizo una pausa. Estaba inmóvil, estirada en su silla, con sus piernas muy juntas envueltas por la manta. Sus palabras las oiré siempre, así como las pronunció aquella vez, suavísimas y lentas:

"...si hubiera vacilado, jamás se habría cumplido mi destino..."

—Mi padre debió tornarse loco cuando murió mi madre; se le rompió su eje y perdió el equilibrio. Yo misma, a mis quince años, quise morir. Mi padre la amaba tan intensamente, que a los seis meses de viudez volvió a casarse. No lo digo por una ironía. Lo digo de verdad. Si él no contrae nuevas nupcias, no se hubiera salvado, habría muerto, se habría tornado loco, qué sé yo? Antes yo no pensaba así, pero después he tenido tanto tiempo para pensar, para reflexionar y comprender. Y he llegado a convencerme de que mi padre contrajo nuevas nupcias por amor, por su inmenso amor a la muerta. Lo obligó su instinto de conservación, lo empujó su dolor...

A pesar del ruido de las calderas, sus palabras quedaban temblando en la noche. Crujían las maderas. El mar cantaba su absurda canción. El viento, la noche y el mar eran una sola cosa negra.

Y ella continuó devanando la madeja de su confidencia:

—Vinieron mis hermanos... dos ángeles. Y a pesar del amor que me inspiraban mi padre, mi madrastra, mis hermanos, un día yo empecé a sentir que me estaba quedando sola. Me quedé sola. Yo sobraba en aquella armonía. Yo era el índice de un libro que ya no se leía. Soy sola. Tenía que vivir así, que arreglar mi vida a este compás, al compás de mi soledad. Pero me quedaba mi vocación. Yo canto. Mi voz es extrañamente madura, como si ya hubiera sido madre, como si ya tuviese cuarenta años. Usted me escuchará algún día...

Un rizo pesado de sus cabellos castaños, agitado por el viento, se le cruzó a través del rostro, pero no logró ocultar el fulgor de sus ojos cuando me anunciaba:

"Yo canto... yo cantaré."

El amor por la música nos unió más y me purificó. Ya no pensé más en la gloria sensual de los veinte años de Aurelia San Martín. Aurelia San Martín se transformó ante mis ojos en un destino que habría de cumplirse. Y con los ojos de mi espíritu la vi, toda esplendorosa, entonando arias imponentes y trágicas, ante miles de personas estáticas, en los teatros mayores del mundo.

De Nueva Orleans, donde la acogería en su hogar una hermana de su padre, pensaba trasladarse a Nueva York, atraída sin duda por las oportunidades milagrosas de la cosmópolis.

Al despedirnos, en los muelles del Mississippi, me dio su dirección y su teléfono.

Dos días después, me fue imposible resistir a la tentación de verla, y la llamé por teléfono. Su voz lejana y lenta, la voz que ya le conocía, me pareció extraña y excitada:

—Estoy preparándome para ingresar al Conservatorio. Es decisivo. Quiero ingresar al quinto año. He tenido pruebas preliminares. Se está cumpliendo mi destino. Tengo el tiempo medido y escaso.

En aquella vida, que la ambición artística había lanzado como una piedra, no había un hueco para mí, no había un hueco para nadie. Jamás he visto una voluntad tan trepidante en una niña de veinte años. Mas yo tenía la clave para volver a verla. Paderewski daría un concierto único en la ciudad y la invité:

—Oiremos a Paderewski, y buscaremos después un rinconcito de la ciudad para charlar.

No vaciló.

—Aceptado. Espérame en la puerta del teatro. Seré puntual.

Era una noche fría de marzo, cuatro días después. Lloviznaba. Desde las ocho de la noche, a la puerta del Jerusalem Temple, esperé a Aurelia San Martín, y esperé en vano porque ella no llegó.

Castigado por mi desengaño, penetré a la sala del concierto. La sala estaba pobremente alumbrada. Un inmenso cortinaje negro cubría el escenario, como telón de boca, y entre el cortinón y las candilejas, en un espacio que me pareció estrecho, un gran piano de cola, abierto, esperaba las mejores manos del mundo. Con unos pocos minutos de retardo, apareció cerca del piano un hombre: Paderewski. En toda la sala la ovación estalló como un trueno. El artista saludó con sobriedad. Alto, seco, fuerte, enfundado en su frac. Al sentarse en la banqueta, el auditorio se hundió en el silencio.

A medida que el concierto se prolongaba, una atmósfera de irrealidad iba llenando los corazones. De pronto comprendí que la sala no estaba pobremente alumbrada, que aquella penumbra era la verdadera luz. El piano, de tanto verlo, ya no podía verse; del piano sólo percibíamos la línea blanca del teclado, como una rendija transversal, abierta en el cortinón del fondo; y el genio incomparable tampoco podía verse ya, confundido su traje negro con la cortina, nos daba la impresión de que sólo habían quedado allí sus manos, como dos mariposas enloquecidas que querían salir por la rendija del teclado, hacia la luz de más allá. Y sobre este vuelo armónico y fantástico, el rostro pálido, la melena gris, la cabeza del artista semejaba una lámpara votiva, una llama temblando en la niebla.

Aun después de haber llegado a mi habitación, continué viendo aquellas manos milagrosas, bajo aquella cabeza magnífica, y se quedaron clavados en mis oídos, como dardos trémulos, los acordes iniciales y trágicos de aquel Preludio en Do, de Rachmaninoff. Apagué las luces y cerré los ojos, pero continuaron golpeando por mucho tiempo en mis oídos los tremendos acordes, remedando a veces los dobles desolados de unas campanas insistentes y fúnebres.

Fue la propia tía de Aurelia San Martín quien me dio la noticia.

—Sí, fue el mismo día que habló usted con ella... Un ataque violento de apendicitis... se la operó la misma noche, pero no pudo evitarse la peritonitis... La enterramos ayer...

Estuve muchas horas inmóvil frente a aquel teléfono de donde había brotado la noticia increíble. Sentía revolar dentro de mi cabeza, sin orden ni sentido, unas mariposas pálidas, unas inmensas mariposas que querían salir por una rendija de luz; escuchaba unos acordes lúgubres y espasmódicos, como los gritos de unas campanas luctuosas; oía crujir las maderas de un barco perdido en la noche; percibía el ruido de unas calderas roncas; y todo eso no lograba opacar una voz suave y lenta, que deslizaba sus palabras, como un contrabando de esterlinas:

—"...si hubiera vacilado, jamás se habría cumplido mi destino... Yo canto... Usted me escuchará algún día..."

Han pasado tantos años. He visto muchas veces, frente a frente, la máscara del dolor; he recogido algunas horas de felicidad; he amado intensamente a una mujer, la he olvidado, y ha vuelto a mí el amor; he aprendido algunas verdades; he rectificado algunos errores; me he convencido de realidades que no quería creer, pero jamás podré convencerme de que aquella niña suave y bella pueda encontrarse almacenada y destruida, en un nicho húmedo y frío de un cementerio extranjero. No me convenceré jamás. Y cuando la recuerdo, siento unos deseos invencibles y rabiosos de ponerme en pie y de gritarle a la vida esta pregunta:

—¿Dónde está Aurelia San Martín?

EL REGALO DE NAVIDAD

A Servando Reina

Aquel año había empezado a enfriar desde a principios de octubre. En la salita-comedor de Madame Dugas el hogar chisporroteaba. Por la puerta del fondo, totalmente abierta, se veía la cocinilla, muy blanca, muy moderna, muy eficiente, contrastando con el mueblaje del comedor, que acusaba una factura francesa, muy antigua, muy colonial. Pero Madame Dugas estaba ufana de su mueblaje; aunque nacida en Luisiana, ella continuaba viviendo bajo las influencias de los bisabuelos de ultramar; el idioma oficial de la casa era el francés; había casado con un francés —¡en gloria esté quien fue tan buen marido!—, y se hacía llamar Madame Dugas, en lugar del muy sajón Mrs. Dugas.

A las seis y media entró Yvonne, acompañada de Charlie: Charlie Parker, su novio casi oficial; comentaban la película y el vodevil de cualquier teatro; es decir, comentaba ella, porque Charlie, muy rubio, muy rojo, muy yanqui, sólo sabía escucharla con un aire infantilón de muñecote de celuloide. Después de quitarse el abrigo, Yvonne se fue a la cocina. Regresó a poco; se hundió en el sofá antiguo, frente al hogar, no sin haber arrastrado consigo a Charlie.

—¡Hello, Charlie!

Madame Dugas había entrado con la sopera humeante. Mr. Parker se puso de pie, pero no supo qué decir; la vivacidad de la que un día más o menos lejano se convertiría en su señora suegra lo desconcertaba; se puso todo rojo: hay que decir, más rojo; se mostró vacilante: hay que decir, más vacilante, y se quedó mudo: hay que decir, normalmente mudo. Pero Madame Dugas no reparó en ello porque ya lo había notado desde las primeras visitas de Mr. Parker. Cuando algo se repite mucho, ya no se nota.

Madame Dugas arreglaba los últimos detalles de la mesa con una precisión encantadora, y hablaba y cantaba alternativamente, mientras sus manos iban y venían sobre el mantel.

—¿Y cómo estaba el espectáculo? ¿Gozaron mucho? ¡Este Louis nunca está a tiempo para la cena! ¿Han notado cómo ha cambiado el tiempo? ¡Ayer no más ochenta grados, pero hoy... qué cambio! ¡Y Louis sin venir...!

Lo de los cambios climatéricos tanto como lo de Louis eran frases que Madame Dugas repetía todos los días. El clima de Nueva Orleans cambia muy bruscamente, y es lo primero y lo último que se dicen todas las vecinas; y la circunstancia de que Louis estuviese tardío para la cena ocurría con regularidad.

A las siete se sentaron a la mesa, no sin que Madame Dugas repitiese una media docena de veces aquello de: "¡Cómo ha cambiado el tiempo! Y Louis sin venir..." A las ocho, cuando estaban saboreando las tacitas de café, a las cuales habían mezclado un poquito de anissette, preparado por Madame Dugas para darle fragancia al brebaje, apareció Louis. Venía tiritando. Dio un portazo, saludó y fue a calentarse las manos a la chimenea.

—¡Uf! Hace frío... —comentó.

Madame Dugas le arrojó una mirada de cariño y de reproche, de esas miradas que sólo saben las madres; luego se levantó y se dirigió a la cocina, refunfuñando; regresó al poco rato, hablando entre dientes:

—¡Siéntate! Yo no sé por qué gozas en llegar siempre tarde. La comida se enfría y hay que recalentarla. Es una falta de consideración. Cuando los hijos crecen ya no tienen respeto para los viejos. En mi tiempo los hijos eran más correctos. ¡Ven a sentarte! La sopa te hará entrar en calor. Yo no sé por qué gozas en llegar siempre tarde. Y con el tiempo que hace... mon Dieu...

Louis se sentó perezosamente. Parecía estar muy habituado a las reconvenciones maternales porque no se inmutó. Yvonne presentó excusas para retirarse y pasó al pequeño locutorio, no sin arrastrar consigo a Mr. Parker. Poco después se oyó la grafonola que arañaba una melodía sincopada y absurda. Louis comía despacio y en silencio. Madame Dugas lo contemplaba entre disgustada y satisfecha, con esa contemplación que sólo saben las madres.

—Sabes, mamá, que no me gusta ese muchacho.

Madame Dugas se quedó boquiabierta.

—¿Qué quieres decir con eso?

—¡Bah! Tú lo entiendes bien; que no me gusta ese Mr. Parker para la Yvonne.

—¿Pero qué tiene de malo, hijo? ¡Charlie es un magnífico muchacho; muy trabajador; tú sabes que tiene un trabajo permanente, con porvenir...! ¡Y qué salario para su edad! Además, no fuma, no bebe, no comete ninguna clase de excesos. Y es un hombre sano. Fíjate cómo tiene las orejas llenas de sangre, llenas de vida...

—¿Las orejas? ¡Las orejas de Charlie no me interesan! Yo estoy de acuerdo contigo en que no tiene nada de malo, ¡y eso es lo malo! ¡Es una calamidad! No fuma, no bebe, no comete ninguna clase de excesos... ¡vaya un prestigio! ¿Que tiene las orejas rojas? ¡Y la nariz y las mejillas y la frente y la barba y las manos y el cabello... si es un piel roja! Además... Yvonne no le ama.

—¿Que Yvonne no le ama? ¿Y cómo lo sabes tú? ¿Te lo ha confesado ella?

Louis llenó la taza de anissette, y luego con mucho primor le mezcló una cucharadita de café.

—Yvonne no tiene confidencias conmigo, pero... ¡bueno!, que las mujeres no pueden amar a esa clase de hombres. Yvonne o cualquiera otra se enamoraría de un hombre como yo, pálido, soñador y un poquitín loco; de un hombre que sepa vivir la vida; que la sepa vivir como un ejercicio desigual y desparejo; con altos y bajos, pero no tirada a cordel; de un hombre que no haya necesidad de verle las orejas para saber que está viviendo...

Madame Dugas optó por reírse. Tal vez en el fondo estaba de acuerdo con los argumentos de Louis, pero su sentido práctico la hizo argüir, aunque sin calor:

—Charlie es el hombre. Y en cuanto a Yvonne... Yvonne le ama, no cabe duda.

El hogar crepitaba. Desde el locutorio seguía llegando el ruido de la grafonola; llegaba también de vez en vez la risa cálida de Yvonne. Louis se había quedado pensativo, mientras con la cucharilla, repiqueteando en la tacita de porcelana, le hacía compás a la música. Madame Dugas seguía con los ojos el movimiento de la cucharilla; luego bostezó, golpeándose la boca abierta con el puño cerrado.

—Óyeme, Louis —dijo como siguiendo el hilo de su pensamiento—: ya es necesario que cambies de vida; hace ya mucho tiempo que quiero decírtelo; estás echando a perder los mejores días de tu juventud; tú no miras el mañana...

—Pero mamá, si yo trabajo...

Se advertía que le causaban un verdadero fastidio las reconvenciones maternales. Madame Dugas, como si sólo estuviese esperando su réplica, cobró ánimos, se encendió. Había empezado a hablar midiendo las palabras, como temerosa de herirlo, pero ahora ya era distinto.

—¡Sí, tú trabajas! Pero ¿dónde está el fruto de tu trabajo? Todo se va en cantinas, todo se lo llevan tus amigos... ¡y qué amigos! Mon Dieu! ¡Hombres de taberna, borrachines, mujeres perdidas! Y no sólo estás tirando a la calle tu dinero, sino también tu salud. Mírate ese aspecto enfermizo que tienes: demacrado, ojeroso, con las orejas lívidas; ¡si parece que no tuvieses sangre! Vienes a acostarte a la madrugada, cuando vienes. Y sobre todo, ¡ese licor infame! Lo que se vende aquí es veneno, purísimo veneno. ¡Y yo que te he dicho siempre que te pongas mejor una brasa en la boca, antes que una gota de licor!

Hizo una pausa como para tomar aliento, y luego continuó en un tono más blando:

—Tú tienes talento, hijito; tienes porvenir también. ¡Cuántos quisieran tener la cabeza que tú tienes! Pero no la aprovechas, haces mal uso de ella, estás mal inclinado, vas por mal camino...

Yo no te exijo que me ayudes en el sostenimiento de la casa; con lo poco que nos dejó tu padre yo sé cómo entendérmelas; pero debes aprender a economizar; el trabajo sin economía no produce más que fatigas. ¡Haz un esfuerzo! ¡Reflexiona! Empieza desde hoy... ¡mira!, no salgas esta noche...

Louis encontró la oportunidad de cortar la elocuencia maternal:

—Bueno, mamá, no saldré... te prometo que no saldré.

Se levantó perezosamente de su asiento, se dirigió a su cuarto, hizo un guiño hacia el recibidor y repitió:

—¡No me gusta ese muchacho para la Yvonne!

Dos horas después, las manos en los bolsillos, la bufanda arrollada con descuido y un silbido impertinente en los labios, Louis se dirigía al cabaret. Trataba de disculpar ante sí mismo el quebrantamiento de la promesa hecha a su madre.

"Estas gentes tan santas como mamá —se decía— no viven en este mundo. No bebas, no fumes, no forniques, acuéstate temprano, toma duchas frías, abre una cuenta de ahorros en el banco... ¡uf! Eso huele a cera santa y a fastidio. Y mamá se cree que yo soy un perdido, ¡y no, señor, no lo soy! Yo trabajo; me gano la vida; bebo porque hay que beber, pero yo bebo por solfa; vale más pasar medio borracho todo el tiempo, que no borracho entero la mitad de la vida. Y todo es cuestión de temperamentos. Yo he descubierto que nací con tres copas menos. En mi estado anormal, es decir, sin una copa, yo soy un hombre gris, torpe, no me encuentro, no soy yo mismo. Con tres copas se aclaran las ideas, se suavizan los contornos fuertes... ¡se vive! Pero mamá no puede comprender esto: si yo me atreviese a explicarle mi temperamento, me estrangula."

Soplaban ráfagas de viento frío y empezaba a amontonarse densamente la neblina. Al pasar por Jackson Square, Louis atravesó la verja y entró. Jackson Square era uno de sus rincones amados; allí, cerca de la Catedral de San Luis, cerca del Mercado Francés, de la Gendarmería y de los clásicos patios castellanos. Ambulando por Royal Street siempre se imaginaba estar viviendo una edad pretérita; sentía el trote de los esclavos que cargaban la litera fastuosa de la Baronesa de Pontalva; creía adivinar la silueta prócera de Don Almonester de Roxas; y la urgencia de cualquier taconeo le hacía volver la cabeza esperando sorprender las botas nerviosas de abordaje del muy guapo señor de los mares, el pirata Laffitte.

—¡Ven a sentarte, Louis!

La voz surgió de una de las bancas envueltas ya por la neblina.

Era Lena. Louis la saludó con familiaridad mientras se sentaba a su lado:

—Iba en tu busca, Lena.

—No mientas. ¿Desde cuándo vivo yo por este barrio?

Louis arguyó con desenfado:

—Te he encontrado y eso basta; mis malos instintos me guían siempre bien. Además, a las mujeres interesantes siempre se las encuentra lejos de su domicilio.

Lena se encogió de hombros; luego preguntó sin entusiasmo:

—¿Qué piensas hacer esta noche, Louis?

—¡Bah! Lo de siempre. ¿Vas esta noche al Wonder Bar? ¿No? Menos mal. A mí me cansa beber en el Wonder Bar; no hay variedad; siempre los mismos clientes; conozco de memoria todas aquellas caras. ¿Quieres un cigarrillo? ¡Acércate! Ya van dos cerillas...

Una tercera llamita fulgió en la penumbra, iluminando los dos rostros que se acercaban.

—Pero, hija... ¡si estás llorando! ¿Qué te pasa?

¡Echa afuera tus penas! Las penas son algo caliente que nos está quemando por dentro; échalas fuera y ya verás cómo se enfrían. No seas boba, chiquilla, no llores... ¡qué cosas tienes tú!

Una vez descubierta, Lena dio rienda suelta a su llanto. Sollozaba como un niño hambriento. Louis no sabía qué decirle:

—¿Te han ofrecido matrimonio? ¿Has hecho algún propósito de enmienda? ¿Estás borracha? Pero, por Dios, mujer, si no dejas de llorar me iré; llorar es indecente; las gentes burguesas lloran; los artistas no lloran...

El llanto era tan tierno y desconsolado que Louis sintió una profunda congoja que se le anudaba en el pecho. La vida es una broma, pensaba Louis; una absurda broma, con un poquillo de amargor, con un poquillo de filo, pero una broma al fin... Las lágrimas de Lena lo desconcertaron; Lena, treinta años jugosos; Lena, vida fácil, piedrecilla sin musgo; Lena, ajenjómana; Lena, ramera, no tenía derecho a llorar; el llanto es algo oscuro; es una hebra por la que se descose el dolor, y el dolor es una creación de los ricos...

La luna, velada por la neblina y congelada por el cierzo, se dejó caer en Jackson Square. Louis insistió en que Lena debería echar fuera de sí su congoja, para que se enfriara. Ella lo hizo, pero la pena no se enfrió porque, para recogerla cálida y tremenda, se abrió, como un ánfora, el corazón paradójico de Louis Dugas.

Eran las dos de la mañana cuando Louis se despidió de Lena; la besó en la boca largamente; y al dirigirse a su casa monologaba a ratos en voz alta:

—Son interesantes estas mujeres como Lena. Sin saberlo, ellas desempeñan una gran misión, una elevada misión social; son como desaguaderos de la bestialidad humana; guardan el honor de las familias, porque cada pareja de novios produciría por lo menos un aborto anual, si no estuviesen ellas que calman los ímpetus indebidos;

impiden que los señoritos precoces se entreguen a delectaciones solitarias y peligrosas... ¡y tienen cada corazón! ¡Qué lágrimas tan sagradas las de Lena! Lena noble, Lena digna, Lena purísima. Lena respetable... Llegará un día en que los hombres se descubrirán ante estas mujeres y les dirán: ¡Señoras rameras! Llegará el día. El Estado debería pensionarlas; se lo merecen; se lo merecen mucho más que los empleados civiles que envejecieron durmiendo amables siestas sobre los escritorios de las oficinas públicas, y que los militares que vieron llegar la hora del reumatismo y de las jubilaciones desde el refugio seguro de los cuarteles.

Al abrir la puerta de su casa, Louis sonrió a sus pensamientos.

—Yo no me atrevo a contarle estas cosas a mamá —murmuró— porque no me comprendería, pero si yo me atreviese a contárselas, me estrangula. Mamá profesa otra clase de santidad.

Las máquinas de escribir gritaban la intermitencia de sus oraciones; risas; comentarios; mensajeros, telefonemas. En la redacción del gran diario todo era agitación, bullicio, sobresaltos: un suicidio, un secuestro, un millonario que lega su fortuna para erigir un sifilocomio, una dama de sociedad que abandona su marido para huir con un boxeador, un sacerdote que anatematiza el nudismo como si hubiera en el santoral un sagrado patrono de los modistos, un presidente yanqui que envía los marinos a Hispanoamérica, y un presidente hispanoamericano que da un golpe de Estado...

Louis Dugas, con su visera de laca verde sobre los ojos, en chaleco, las mangas de la camisa dobladas hasta el codo, en un rincón de la redacción, hilvana sus cuartillas en una Remington escandalosa. Este era el primer veinticuatro de diciembre que pasaba encerrado en la oficina. Para él mismo era inexplicable el cambio brusco que se había operado en su vida, desde aquella noche de octubre, la primera noche fría de la estación. ¡Lena! ¡El dolor secreto de Lena! Todos tenemos un dolor secreto. ¿Dónde estaría Lena? En dos meses largos no había oído hablar de ella. ¡Pobre Lena!

"Yo soy un hombre excepcional —pensó—; todas las reconvenciones y todos los consejos de una buena madre, no lograron hacerme variar de ruta, y bastó la confidencia dolorosa de una ramera para torcer radicalmente mi vida. ¡Soy un hombre excepcional!"

Luego se encogió de hombros con desdén, cuando otra de sus voces íntimas empezó a decir:

"¡Qué vulgaridad! Todos los hombres se creen seres excepcionales, y todos revientan y se pudren; a todos los devora el olvido con pequeña diferencia de plazos; yo soy uno de tantos; uno del montón; como Mussolini, como Al Capone o como el zapatero remendón de mi barrio. Tengo mis ventanas abiertas a la locura, como todos; tengo mi herencia morbosa y mi legado sano, como todos; tengo mi gran ineducación y mis pequeñas habilidades, como todos... A pocos centenares de pies sobre la tierra, arriba en el espacio, ya no puede distinguirse al Gobernador del Estado ni al Alcalde de la ciudad ni al millonario ni al señor Arzobispo: Su Señoría Ilustrísima, vista desde dos mil pies de altura, podría confundirse con una bandera comunista..."

Sonrió a sus pensamientos; tornó a encogerse de hombros y volvió a teclear furiosamente en su máquina. Bostezó, abriendo los brazos y las piernas. Hay personas que bostezan con todo el cuerpo. Leyó, releyó y corrigió sus informaciones; eran como las once de la mañana y había concluido su tarea. Con movimientos fatigados se levantó de su silla giratoria, se dejó caer el sombrero con descuido y salió de la redacción mientras se ponía el gabán. Caminó hacia los elevadores; ya con el dedo en el botón de nácar, listo para llamar, se detuvo vacilante; luego pareció decidirse, regresó y entró a la administración.

—Mr. Durkin, yo tengo un saldo a mi favor.

—¿Un saldo a tu favor, muchacho? Pues, ¡claro! Hace varias semanas que no retiras tu salario. ¿Lo quieres todo?

—¡Sí señor!

Contó los billetes con una alegría que no había conocido antes. "El trabajo con economía es una bendición". Era uno de los estribillos de Madame Dugas.

—La sorpresa que se va a llevar mamá —murmuró.

Porque él había guardado cuidadosamente el secreto de su buena conducta; al principio lo hizo por vergüenza; le avergonzaba que se dieran cuenta de su cambio; en todas las conversiones, aun en aquéllas hacia el Bien, existe el estigma secreto de una defección; se abandona una personalidad y una actitud que han sido nuestras, y Louis sentía el pudor de ese abandono.

Atravesó Canal Street con el propósito de ir directamente a su casa, en el Barrio Francés. La muchedumbre hormigueaba. Hubo un accidente. Su instinto de cronista le hizo correr algunos metros hacia el sitio del suceso, pero luego se detuvo.

—No estoy en servicio —subrayó.

Continuó algunas cuadras por la acera norte de Canal; pronto se encontró más allá de la Aduana, casi en los muelles; regresó por el mismo camino; el frío era intenso; le dolían las orejas, le dolían los huesos de las manos y tenía los pies totalmente insensibles; en la esquina de Royal Street tropezó con un viejo compañero de juergas.

—¡Hello, Louis! Me dijeron que te habías metido a fraile... ¡Qué frío! ¿Has colgado los hábitos? ¡Caramba con este frío! Vayamos al Wonder Bar. Yo no resisto el frío sin una copa. ¡Anda, hombre, que estás paralizado, convéncete, es el frío! Un enfriamiento puede ocasionar una pulmonía y una pulmonía puede ocasionar la muerte, pero un escocés a tiempo evita el enfriamiento...

Cuando subían la gradería del Wonder Bar, Louis manifestó con entereza:

—Pero sólo uno, ¿me entiendes?

—¡Claro, hombre, claro! Uno que te obsequio yo y uno que me obsequias tú... ¡Uno!

Al salir se separaron. Louis continuó ambulando por Canal sin decidirse a ir a casa. Había cambiado de idea. Le pareció algo grotesco ofrecerle a Madame Dugas, como regalo de Navidad, un rollo de billetes de banco. El dinero es vulgar; el dinero no puede conservarse; el dinero se gasta; además, no tiene personalidad: un billete de a cinco dólares es exactamente igual a otro billete de a cinco dólares.

Compraría una alhaja. Entró a la mejor joyería; se hizo mostrar anillos, pendientes, brazaletes. No se decidía. Había que usar el procedimiento de la eliminación: rubíes no, los rubíes son escandalosos y trágicos; esmeraldas no, las esmeraldas tienen casi siempre carbones, amén de que el color verde es morboso; Lena tiene los ojos verdes... ¿Dónde estaría Lena? Los ojos de Lena despiden fulguraciones venenosas. ¡Eran grandes aquellas copas, y el tal escocés era una imitación infame...!

—¿Qué decide el señor?

—Ya se lo dije; estamos eliminando. Rubíes no, esmeraldas no...

No se lo había dicho, pero lo había pensado; es casi lo mismo: a veces pensamos por no decir, y a veces decimos por no pensar... Los topacios son opacos; parecen personas virtuosas. ¡Oiga usted! ¿Son opacos estos topacios? ¿No? Pues a mí me lo parecen. Y si los engasta usted en platino remedan manchas de café; engástelos usted en oro y ya no se notan, se acabó el topacio, no hay topacio...

—Pero ¿cómo se atreven a vender ópalos en una joyería de primera clase? El ópalo no es una piedra preciosa. No, señor; no es que yo sea supersticioso; el ópalo no tiene derecho a ser un signo adverso; el ópalo no es más que una piedra plebeya: es como un pregón de mal gusto...

—¿Las amatistas? Déjeme ver las amatistas. Las amatistas tienen más vida. No, ésas no, las últimas...

—¡Que no son amatistas! ¿Que son corindones, corindones violados? ¿Cómo? ¿Qué dice usted? ¿Que los zafiros son también corindones? Entonces no hablemos más; soy enemigo personal de los corindones; yo no le obsequiaría nunca a mi madre un corindón...

Salió de la joyería indignado. Es una vergüenza que no se pueda encontrar una buena alhaja para un regalo de Navidad. Los diamantes son carísimos y las perlas cuestan un Potosí. En todo caso, las piedras preciosas son vulgares y frías; no tienen alma; sus reflejos hieren como puñaladas; sus aristas son duras como pecados mortales.

Louis subió sin vacilaciones la escalera del Wonder Bar. Ocurría también que con dos copas no se podía tener el espíritu dispuesto para las selecciones cuidadosas... ¡cuando se había nacido con tres copas menos!

Una hora después abandonó la cantina con la resolución de comprar un abrigo de pieles; Madame Dugas debería llevar aquel invierno un suntuoso abrigo de pieles. Iría a lo de Kreeger o a lo de Godchaux. Lo más aconsejado sería una gran capa de astracán. ¡No, era un sacrilegio! El pelo de cabra tendrá siempre algo de equívoco y de afrodisíaco.

Seguiría el procedimiento de la eliminación: astracán no, leopardo no, ternera mucho menos; el leopardo y la ternera vienen bien a las doncellas impúberes. El cuello y los puños deberían ser de armiño o de castor, y los forros de un color glorioso y violento, pero... ¿y lo demás?

La verdad es que en materia de pieles y de trapillos son las mujeres las que deben decidir...

Alguien le dio unas palmaditas cariñosas en el hombro:

—¿Cuál es el problema, niño mío? Parece que te hubieran clavado en esta esquina...

Daddy Copeland, como llamaban al viejo Copeland los consumidores del Wonder Bar, tenía las narices congestionadas y encendidas, y la piel de las mejillas y las sienes granulosa, revelando una perfecta intoxicación alcohólica; sus ojeras abultadas gritaban una deficiencia renal; sus escleróticas amarillas acusaban un hígado torpe; y los labios amoratados y retostados a causa del tabaco y del licor.

—¡Hello, Daddy Copeland! —exclamó Louis—. ¡Felices Pascuas! Sáqueme de una duda: ¿qué prefiere usted, el astracán o el terciopelo?

—Me pones en un aprieto, hijito. A ver cómo es el caso: ¿qué prefiero yo, el astracán o el terciopelo? Pues, para decirte la verdad... ¡yo prefiero el whiskey!

Se quedaron viendo unos instantes a los ojos, y de pronto, ambos se echaron a reír; en seguida se encaminaron a la cantina; ya para entrar, Daddy resopló:

—¡Hace frío!

—Un enfriamiento puede ocasionar una pulmonía y una pulmonía...

Louis repitió la frase de su amigo y volvió a reír.

A las dos de la mañana, el saloncito del Wonder Bar estaba animadísimo; risas, juramentos y gritos hacían vibrar la atmósfera; en un rincón penumbroso, Daddy Copeland, completamente borracho, dialogaba con un vaso de ajenjo; tres o cuatro parroquianos, de pie frente al mostrador, discutían sobre las últimas carreras de caballos; disentían en opiniones y se exaltaban. Más allá, frente a un velador que fue de laca blanca, una pareja silenciosa apuraba repetidos highballs; eran unos bebedores grises; no se decían palabra y se acercaban a los vasos como si estuviesen cumpliendo una penosa obligación. En cambio, la peña que presidía Louis era exultante; todos hablaban a la vez; hablaban y reían; Louis pagaba los gastos; Lena, recostada en su hombro, fumaba cigarrillo tras cigarrillo, arrojaba la ceniza en el vaso y, cuando bebía, le quedaba un sedimento negro en los labios…

Cuando despertó era ya entrado el día. Le dolía espantosamente la cabeza. Estaba todavía en el Wonder Bar, estaba solo... ¡No, no estaba solo!: las piernas gloriosas de Lena salían desnudas de debajo de la mesa. Sobre la mesa había un tintero volcado; la tinta formaba una gran mancha sobre el mármol y había empapado totalmente una cuartilla de papel. ¡Ya recordaba! Quiso escribir un poema para Madame Dugas: sería su regalo de Navidad. Un poema es algo hermoso; un poema perdura; un poema es tibio y fulguroso; un poema vale más que todas las pieles y todas las joyas... ¡Un poema!

La cuartilla estaba completamente negra. Tal vez lo escribió, tal vez no lo escribió. Lo único cierto es que le dolía mucho la cabeza.

1928.

BORRACHERA

A Pío Suárez y Edgardo Becerra

I

La tierra bañada de luna es como una blanca amante, dormida y laxa, fría y desnuda; la luna menguante remeda una paleta de pintor, de un pintor enfermo, de un álgido pintor que quisiera copiar un paisaje boreal: en la paleta de la luna hay platas de glaciar y leches de aurora polar. La luna del trópico no debería ser tan fría; la luna del trópico debería ser roja, un gran disco rojo que bañase de sangre las tierras calcinadas y los hombres ardientes: la tierra, bajo la luna roja, sería como una oscura amante, elástica y despierta, vibradora e histérica.

—¡Más aprisa... más aprisa! —gritaba Edgardo, que estaba poseído sin duda de un mal espíritu; iba de pie sobre el estribo del automóvil; se asía con una mano nerviosa y flaca a los hierros del parabrisas; su alta estatura se destacaba clara y extraña; iba descubierto y el viento le agitaba los cabellos como una antorcha negra; hablaba sin pausas, amontonando dislocadas imágenes y gritaba pidiendo mayor velocidad, como si sus gritos le prestaran alas a la máquina.

Pío, al volante, parecía no darse cuenta de nada que no fuese guiar su vehículo por la solitaria trocha; frecuentemente levantaba la mano derecha hasta su sombrero y tiraba hacia abajo del ala; en cada uno de estos movimientos se enredaba entre sus dedos un fulgor verde, un extraño fulgor escalofriante.

Yo, al lado de Pío y hundido en mi abrigo, miraba oscilar el indicador de la velocidad en el que las millas brincaban como duendecitos borrachos: 75-80-75-80...

Al pasar frente a una casa, un perro flaco saltó ladrador a la carretera, pero fue arrollado por el automóvil y su ladrido se tornó en un grito estridente y llorón, que se fue quedando atrás envuelto en la polvareda. Mientras volvía a tirarse del ala del sombrero y se repetía entre sus dedos el verde relámpago escalofriante, Pío dijo entre dientes:

—¡Menos mal que fue un perro!

Edgardo abrió la portezuela, entró al carro y no volvió a decir palabra; se diría que recitaba mentalmente alguna oración para el descanso eterno de aquella alma que acababa de abandonar su envoltura de perro. Como suele ocurrirme en todas mis grandes emociones, empecé a bostezar, en tanto que oscilaba tercamente el indicador de la velocidad, ante mis ojos empañados: 75-80-75-80...

II

Al frenar, el automóvil dejó escapar un chirrido doliente, patinó un poco sobre la grama que crecía cerca de la cancela y quedó inmóvil, volcando la curiosidad de sus reflectores en el cercano seto. Tras la tosca cancela de madera se adivinaba el caminillo que nos debía llevar hasta la casa. Pío hizo sonar briosamente el claxon, hasta que oímos una voz de mujer que multiplicaba su palabreo en la distancia; esa voz, un taconeo y un farol fueron traídos hasta nosotros por la patrona misma:

—¿Y quiénes son los llegados? ¡Ya es media noche! ¡Válgales la ocurrencia! ¡Esta no es hora de ir metiendo bulla en los caminos! ¿Qué demonios tendrá este pasador? Ya todas duermen en la casa... ¡Al fin corrió este pasador!

La buena vieja hablaba sin darse reposo y sin darnos tregua para contestar a sus asombros. A su última exclamación, en tanto que con la una mano levantaba el farol hasta la altura de su rostro, mientras con la otra mano hacía de visera, bajo la cual, engarzados en sus redondas mejillas otoñales, relucían sus ojillos curiosos, insistió:

—¿Y quiénes son los llegados?

Abandonamos el automóvil, no sin que se hubiese oído la voz de Edgardo diciendo:

—¡Gente de guerra!

—Pero... ¡si es don Edgardito! ¡Ya me lo imaginaba yo! Cuando bajaba para abrir la puerta, ya me lo decía yo: ¡gente de guerra tiene que ser la tan bulliciosa! ¡Ay, Dios mío, pero si es Piíto, don Piíto! ¡Y cómo está de buen mozo! ¡Jesús! ¿Y de dónde sale? Ya van para tres años... ya van para tres años sin verle por acá. Ya me lo decía yo: ¿dónde andará don Piíto? ¿Cuándo volverá don Piíto?

A mí no se me hacía el menor caso; mis continuas visitas al establecimiento me habían convertido en algo cuya llegada no valía media interjección. Así nuestra huésped volcaba sobre mis compañeros el caudal de su sacarina bienvenida, así nos guiaba hacia la casa. El caminillo blanqueaba bajo la luna, y las ancas abundosas de la patrona, en su oscura enagua, negreaban sobre el camino.

Bajo su sencilla apariencia campestre, la casita de Ma Chepa, distante quince millas largas de la ciudad, había ocultado muchas galantes aventuras, y aun decíase que, en sus buenos tiempos, sirvió de refugio seguro y discreto a más de alguna pareja, cuyos acuartelados prestigios, amén de algún marido burlado y peligroso (cuando los maridos burlados eran peligrosos), les llevara al lejano escondrijo. Por estos tiempos, envejecida y fastidiada Ma Chepa, cansada su cocina, exhausta su bodega y acaso hasta agotada su discreción, la casa, o el establecimiento, como la llamaba solemnemente la propietaria, se había convertido en un burdelillo donde se podía probar el fruto campesino (¡las muchachas de Ma Chepa!) desnudo de afeites, horro de complicaciones y todavía con el olor montaraz en la apretada pulpa.

Ma Chepa hablaba a Pío, gesticulando con ambas manos, en una de las cuales bailoteaba grotescamente el farol; hasta mis oídos llegaba el rosario de exclamaciones de la patrona; Pío le historiaba sus largos viajes por tierras remotas; hubo un recorrido geográfico en el que me pareció adivinar nombres fabulosos de los mares amarillos y de las tierras árticas; entendí después que mi amigo se excusaba por haber tardado tanto sin visitar el establecimiento de Ma Chepa; y ésta, aprobando la excusa y como para justificarla, le respondió:

—Viera usted, Piíto, cuántas cosas buenas por aquí... Tengo una pespireña más ardorosa que su tierra, y una moza de Maraita riquísima...

Ma Chepa hablaba de las mujeres como si alguna vez hubiera sido varón; o tal vez...

Pío insistía:

—Ayer mismo llegué a la ciudad y aquí me tienes ya, Ma Chepa.

La golpeó con cariño en las espaldas y le pidió un cuarto. La patrona, con una desenvoltura que hubiera deseado Fray Luis para pronunciar su famoso "decíamos ayer", como si Pío no hubiera rodado tres largos años por el mundo, le repuso:

—El mismo de siempre, don Piíto. ¡Siga usted! Al abrir la ventana entra el olor de los jazmines; la parra está blanquita, blanquita... ¡Una bendición! ¡Sígame! Da un gusto el olor de los jazmines. ¡Blanquita está la parra, blanquita!

Al echarse a andar por el sombrío corredor, Pío nos hizo señales para que le siguiéramos, y a pocos pasos vimos un bulto tirado por los suelos, cerca de la pared. Edgardo preguntó:

—¿Y este cristiano?

—¡Paco, el pobre Paco! —suspiró compasiva la patrona—. Cada día más mal. Cuenta ya treinta años de beber, y en los últimos le han cogido unos ataques que lo dejan muerto. Ya me lo digo yo: cualquier día le va de veras...

Yo me acerqué al borracho y con la contera de mi bastón le propiné un furioso redoble de tambor en los riñones. Paco despertó y con su voz somne y aguardentosa gritó su protesta:

—¡Ché, hombre, ché...!

Al extremo del corredor, la patrona también protestó:

—¡Déjenlo, déjenlo! Que duerma el pobre diablo. Si despierta ahorita con la sequía, los va a molestar mucho.

El cuarto era el mismo cuarto por cuya ventana abierta irrumpía la gloria del jazminero florecido; en el centro, la misma mesa desvencijada; en un rincón, el mismo catre silencioso y mártir. ¡Todo igual! Y la noche lunar como tantas otras de desenfreno. Acaso estábamos asistiendo a nuestras últimas noches de locura, o quizá, llevados sin sentirlo hasta los años mayores, sólo captábamos el goce por los recuerdos que estos lugares familiares nos traían. Va tan de prisa la vida mordiéndonos la carne nueva, que no nos damos cuenta hasta cuándo somos jóvenes ni desde cuándo dejamos de serlo.

¡Ah, los años mozos de la Universidad! Cada edad tiene su locura y su encanto, pero ninguna como la encantadora locura del universitario; los que hemos pasado por ella no podemos menos que sonreír al evocarla; el alma se nos iba tras la novedad, y yendo en todas las avanzadas, parecíanos quedar siempre zagueros: ¡tan fogoso y retozón era el ímpetu que bullía por la tropical arteria! Medíamos la intensidad de nuestras vidas por la variedad exaltada de nuestras noches: la noche ascética y blanca, la vigilia febril sobre los huraños textos hasta que el párpado se nos hacía de plomo y se cerraba; luego, la noche de sensaciones y de roces cuando el alma se nos venía a la piel y un prurito libidinoso nos obligaba a las palpaciones y al mordisco. Amábamos la noche como a una suntuosa querida; fue al amparo de sus sombras que supimos desentrañar el prodigio intenso de las horas; los minutos negros de la noche nos grabaron en las frentes la exasperación de sus mórbidos surcos. Nunca bajo el sol podríamos revivir aquella locura.

Ya sentados frente a la mesa, Edgardo inquirió:

—¿Qué nos tienes, Ma Chepa?

Abría la prometedora boca la patrona para ofrecernos sus muchachas, cuando la interrumpí:

—¡Nada de muchachas, Ma Chepa, nada de muchachas!

Y pensando en que podrían venir la moza de Maraita y la encendida pespireña, todas mis fibras temblaron heridas, adivinando un sacrificio a que no estaban dispuestas, pero contra el cual no podrían defenderse. Pío me salvó diciendo:

—Déjalas dormir en paz y tráenos ajenjo.

III

La patrona acababa de dejar sobre la mesa una nueva ronda de ajenjo. El aire estaba saturado de humo y se respiraba difícilmente. Me hubiera gustado dormir, dormir muy profundamente, no despertar; tenía una horrible pesadez en la cabeza y sentía un frío polar en la frente; me pasé la mano por ella y me extrañé de encontrarla mojada... ¿Mojada? Pero ¿quién me había mojado la frente? Hice un esfuerzo para hablar y no pude. Como la cabeza me pesaba tanto, la recosté sobre mi pecho. Bueno, así se estaba mucho mejor, pero ¿quién me había mojado la frente? Debí hablar en voz alta porque oí que Pío me contestaba:

—Es que estás sudando... ¿quién había de mojarte?

—¡Ah, sí! Es que estoy sudando, ¡claro!, es que estoy sudando...

El convencimiento de que estaba sudando me alegró muchísimo. Naturalmente, sudar es una cosa que le ocurre a cualquiera, pero eso de que le mojen a uno la frente, no se acostumbra. Como me regocijaba la explicación, repetí:

—Es que estoy sudando. ¿Cómo no se me había ocurrido antes?, ¡claro!, estoy sudando...

—Lo que tú tienes es una gran borrachera.

Esto lo oí claramente. ¿A quién se lo dirían? Procuré levantar la cabeza y tras una media docena de esfuerzos lo logré, no sin que se me fuese un poco hacia atrás. Edgardo me miraba con una sonrisa entre regocijada y compasiva. Pío estaba también pendiente de mis movimientos. ¿Sería yo el borracho? Lo fuese o no lo fuese yo, me pareció que no valía la pena averiguarlo. Pensé que debía encogerme de hombros, pero mis hombros parecían como de plomo. Pues no me encojo, y... ¡me encogí! Esto me pareció gracioso y empecé a reírme; nunca me había reído tanto, ¡qué divertido! Continué riendo; hasta me saltaban las lágrimas de los ojos; no podía dejar de reír; era una risa que me agitaba todo el cuerpo y eso me hacía reír más. Al través de las lágrimas que me empañaban los ojos, vi que Pío se levantaba y se dirigía hacia mí; luego, con mucha rudeza, me puso las manos sobre los hombros y me dijo casi gritando:

—¿Qué te pasa? ¿Estás enfermo?

Me sacudía con una violencia que me pareció de muy mal tono. Edgardo también se había puesto de pie y me miraba con unos ojos espantados tras de sus redondos espejuelos. ¡Qué hombre tan alto era este Edgardo! Casi rozaba con su cabeza la pantalla. Por sobre el hombro de Pío yo estaba atento observando la cabeza de Edgardo. En la pantalla de papel estaban pintados dos loros encarnados cuya actitud me parecía amenazadora. Pío tornó a sacudirme y volvió a gritar:

—¿Te sientes malo? ¿Qué te pasa?

Yo seguía riendo escandalosamente, pero pude reprimir un poco mi alborozo para advertir a Edgardo, cuya cabeza estaba cada vez más cerca de la pantalla, el peligro en que se encontraba:

—¡Que te pican!

Ellos se volvieron para ver los loros encarnados, y de pronto, los dos se echaron a reír.

Reían tan fuertemente como yo. Pío me quitó las manos de los hombros, lo que me dio a entender que ya no insistiría en sacudirme. Se dejaron caer nuevamente en sus sillas y hubo un momento en que, al compás de nuestras carcajadas, nos retorcíamos convulsivamente como si nos hubiera acometido una jocunda epilepsia.

La patrona ha aparecido en el vano de la puerta. Sin duda la atrajeron nuestras risotadas. Aunque se nota en su actitud cierta sorpresa curiosa, procura disimularla dándonos a entender que viene por los vasos. Pasa frente a mí una mano regordeta y recargada de anillos. Me entusiasma que se lleve mi vaso, porque yo he decidido no beber más. Y se lo digo:

—Lléveselo porque ya no me pasa...

Ella se sonríe, coloca el vaso boca abajo, y con la otra mano le golpea el asiento:

—Este ya le pasó.

Guiña un ojo y hace ademán de retirarse, pero yo la detengo:

—Deme ese vaso.

Cuando lo tengo en mis manos me doy cuenta de que está realmente vacío. ¿Será verdad que ya ingerimos otra dosis de ajenjo? Esto no puede ser; yo no recuerdo haber bebido ese ajenjo. Todavía con el vaso en mi mano, yo hago un esfuerzo mental, doloroso, tremendo... No me acuerdo. Yo no bebí. Yo no he bebido.

—Ma Chepa, lléveselos y traiga más. Pronto, pronto, traiga más ajenjo.

Quiero convencerme si es posible beber un vaso de ajenjo sin darse uno cuenta de ello. Tengo el propósito de apurar hasta la última gota del próximo que me sirvan. Debe ser curioso darse cuenta de que uno ha bebido sin darse cuenta. Lo beberé despacio; si es posible que entre haciendo gluglú por la garganta. ¡Conmigo no juega nadie! Además de que siempre he tenido una memoria excelente, ¡una excelente memoria! En la escuela me aprendía la Historia con puntos y comas: todas las grandes fechas, todos los grandes acontecimientos...

—¡Y no la olvido!

—¿A quién no olvidas?

El pobre Pío se estaba quedando medio adormilado, y el puñetazo con que yo acompañé mi afirmación lo hizo erguirse.

—Pues... ¡la Historia! —le respondí.

—¿Qué historia es ésa? —terció Edgardo, y bostezó.

Su bostezo era decididamente ofensivo y entendí que quería burlarse de mí, porque se le achicaban los ojos. En todo eso había mala intención. Pero ¿por qué iba a burlarse de mí? ¿Pensaba acaso que yo no conocía la Historia? ¿Creía que yo no había penetrado la significación de la vida del hombre a través de los siglos? El tumultuoso torrente de los hechos humanos atronaba en mi cráneo. Me sentía furiosamente elocuente, pero me mortificaba pensar que no podría decirlo todo.

—Te lo voy a probar —le grité exasperado—. ¡Óyeme bien! ¿Sabes tú cuál es el más grande acontecimiento de la Historia? El más grande acontecimiento de la Historia es el Sermón de la Montaña. Jesucristo...

¿Jesucristo? Pero ¿a qué viene esto de Jesucristo?

¿Qué labios pronunciaron ese nombre? ¿Qué extraña voz dijo el nombre de Aquél que murió en la cruz por salvar a los hombres? ¿Por salvar a los hombres? ¡Sí! Por salvarnos a todos, por salvar a Edgardo, a Pío, a mí también.

Algo me transportaba, algo me levantaba de mi asiento para empujarme dulcemente hacia un paraje que yo no conocía, y que, sin embargo, no era totalmente nuevo a mis pupilas. La luna, una luna blanca como la paleta de un pintor enfermo de blancas locuras, se sumergía en el cristal milagroso del lago, un lago transparente como si fuera una ventana por la que penetraba a la tierra el blanco olor de la luna... ¿El olor de la luna? ¡Sí, el olor de la luna! La luna estaba florecida como un jazminero y me hinchaba de asombros el pecho.

Ya en la orilla del lago estaba Él, de pie. La vestidura inconsútil inmovilizaba sus pliegues sobre su cuerpo erguido. Cuando mis ojos encontraron los suyos, Él los tenía fijos sobre mí; en su mirada vibraba todo el evangelio de su infinito amor, de su tremendo amor, de su amor imposible. Y me llamaban sus ojos y me decían: "¡Acércate tú que has sentido todas las hambres, tú que no te has saciado jamás!"

Pero, ¡no! Yo no podía acercármele. Yo era el réprobo. Yo era el maldito. Yo no podría amar jamás como amaba aquella mirada inefable. Yo no podía despojarme de mi rojo sayal, de mi vestimenta de odio, de odio necesario, de odio humano. El hombre no debe amar así. El hombre nunca ha amado así. Al hombre le han enseñado a odiar todos los hombres, la vida toda. Y aun para saber amar, debe saber antes odiar, porque sólo odiando descubrirá esa vehemencia, ese rapto, esa locura, que constituyen la fibra esencial del amor...

Mas, he aquí que bajo su mirada ha empezado a calentar mi pecho un nuevo calor. ¡Ya te comprendo, ya te amo, Subversor! Te amo por imposible; te amo porque nos enseñaste a soñar y a esperar: a soñar la locura inalcanzable de Tu reino; a esperar la bondad que no ha de florecer jamás en los pechos. ¡Te amo, Subversor! ¿No ves que voy a Ti? No vacilan mis pasos en tu busca. ¡Mírame! Estoy postrado a tus plantas. Para comprenderte sería necesario tener la humildad de los perros, y estoy lamiendo tus plantas como un perro. Sólo dejando de sentirme hombre podría llegar hasta lamer tus pobres plantas de Loco, tus plantas heridas por los hombres. ¡Pon tu mano sobre mi cabeza! ¡Así! ¡Ah, cómo es suave el peso de tu mano sobre la fiebre de mi cabeza! Tu mano que sabía abrir las pupilas herméticas; tu mano que multiplicó el milagro; tu mano que no pudo castigar a la adúltera... ¡tu mano sobre mi cabeza me hace mucho bien!

Míralo, pobre Loco olvidado, he aquí el nuevo milagro; ya soy capaz de amar como Tú, ya estoy encendido en el tremendo amor, en el amor imposible por todos los seres y por todas las cosas...

Reanimado, vivificado, exaltado por este amor, he dejado de humillarme a sus plantas. Ya no es necesario besar las llagas de sus pies, porque bajo mis labios he visto cómo se cerraban. Estoy de pie para verle los ojos; estoy ya viéndole los ojos. De pronto, allá en lo más hondo de aquellas pupilas empieza a brillar algo extraño; algo espantoso empieza a brillar en el fondo refulgente de aquellas pupilas; ha empezado a herirme una lucecilla verde que se agranda, que se agranda cada vez más... ¡Ahora es un pavoroso fulgor escalofriante como un vuelo de cantáridas! Los ojos del Cristo han dejado de ser los ojos del Cristo. Ya no dicen amor; ya no dicen paz; ya no infunden la santificada serenidad de las cosas divinas. Los ojos verdes son ojos de maldición, ojos de extravío y de pecado. El Cristo que tengo frente a mí ya no es el Cristo, pero sus ojos siguen clavados en los míos obsesos, siguen sus ojos atravesando mi cordura, y ya no veo las facciones del hombre que está delante de mí, sólo veo sus ojos inmensos, sus grandes ojos verdes... ¡Los ojos verdes! ¡Me hacen mucho daño los ojos verdes! ¡No quiero ver los ojos verdes!

Y empiezo a gritar:

—¡No los quiero ver! ¡No los quiero ver!

Siento la angustia de esos ojos que se acercan cada vez más a mí, cada vez más. Retrocedo y ellos me siguen. Me echo a correr y van tras de mí; los siento quemándome las espaldas y hundiéndose como puñales en mi cabeza. Dos fuegos fatuos, aquellos dos ojos me persiguen malignamente; ya mis piernas no pueden sostener el peso de mi fuga y de mi angustia. ¡Los ojos verdes me alcanzan! ¡Los ojos verdes van a entrarse por mis ojos! ¡Los ojos verdes van a quemar mi alma! Aprieto los párpados y continúo corriendo ciego y desesperado hacia una lejanía salvadora. Tropiezo, pero antes de caer unos brazos me sostienen, unas manos se aferran dolorosamente a mí...

—¡Me han hechizado los ojos verdes! ¡Me han herido los ojos verdes!

Alguien habla cerca de mí. Pero... ¿todavía estoy vivo? Esa voz no me es desconocida: Y no es una voz sola; son varias voces; todas me son conocidas. ¿Dónde he oído yo esas voces? Hablan de mí; hablan muy suavemente como evitándose de ser escuchadas. Su bisbiseo empieza a serme molesto: me da la sensación de unas cosquillas hechas con una mano fría en el fondo de mi cabeza.

Abro los ojos. Estoy nuevamente en el cuarto, frente a la ventana abierta; huele a jazmines madrugadores; siento frío. ¡Todo ha sido un mal sueño! ¡Mis amigos, mis buenos amigos! ¡Edgardo! ¡Pío! Están muy preocupados; debo sonreír; lo intento, pero no puedo. Hago un movimiento con la mano; ese movimiento quiere decir que no tengan cuidado, que ya estoy bien. Al fin puedo hablar:

—Una mala broma de los ojos verdes..., una mala broma...

Pío me habla como a un niño enfermo; me parece que quiere ofrecerme bombones; habla dulcemente. ¡Qué bien habla Pío! Usa una voz que no le he conocido nunca y que, sin embargo, es su misma voz. Habla como una enfermera que estuviese borracha de ajenjo o como una amante que tuviese los ojos verdes.

Edgardo no me dice nada, pero leo en el silencio de sus miradas que quisiera decirme también algunas cosas nuevas. Yo les dejo hacer por algún tiempo. Luego, vuelvo a expresarme:

—¡Siéntense, no ha sido nada!

Quedamos como al principio, frente a la mesa desvencijada sobre la cual hay una ronda de ajenjos. Edgardo me reprocha con cariño:

—Te has portado como un verdadero loco.

Y Pío:

—Todo ha ocurrido por esta sortija. Quiero decir, por la sortija y el ajenjo.

Entre sus dedos largos de artista hay un magnífico anillo de platino en forma de calavera; esta calavera no es ciega como todas, pues en las cuencas de sus ojos brillan dos esmeraldas. La joya es de una originalidad desconcertante; cual si fuera la de un feto obsesionante, la calavera levanta su frontal desproporcionado y lívido, bajo el cual los huesos de la cara forman un nudito apretado; las esmeraldas, muy grandes, semejan dos gafas diabólicas.

—¡Déjame verla! —dice Edgardo.

La sortija ha pasado a manos de éste, quien le da vueltas entre sus dedos flacos. Pío me explica:

—Esa sortija es un relicario y la reliquia que yo guardo en ella es la más dulce de las reliquias: una promesa de liberación. Dentro de ese cráneo hay un centigramo de aconitina cristalizada, con el que se puede matar a diez personas. La aconitina es el alcaloide más rebelde a la dosificación; su violencia es irrefrenable y, además, no deja rastros. Yo siento una sensación casi amorosa llevándola conmigo, pues me parece que en esos cristales finísimos habita un alma contradictoria, perversa y magnífica, como la vida.

Mientras Pío habla, Edgardo ha logrado levantar el frontal de la calavera: luego, con la punta de un cortaplumas saca algo del interior de aquel cráneo, lo alza hasta la altura de sus ojos, y en seguida lo deja caer en su vaso.

—¿Qué piensas hacer? —le grita Pío alarmado.

Él no le responde de pronto; fija alternativamente sus ojos extraviados en Pío, en mí, en el vaso; pero a continuación parece amedrentado y nos dice con cierta inquietud:

—¡No debo beberlo! ¡No puedo beberlo!

IV

Cuando Paco apuró el vaso, yo sentí que por todas mis fibras corría una onda fría. Todos debieron sentir lo mismo. No podíamos quitarle los ojos de encima; estábamos como hipnotizados, como si nos hubiésemos petrificado en nuestros asientos. ¿Cómo fue esto? ¿Por qué no lo impedí yo? ¿Por qué Pío y Edgardo no supieron evitarlo? Mas, ¿para qué íbamos a evitarlo? Nosotros no hicimos algo malo; tampoco hicimos algo bueno; dejamos únicamente que la vida hiciera lo suyo; la vida... o la muerte, ¡qué sé yo! Nosotros no reparamos cuando Paco entró al cuarto; entró sigilosamente, como un pobre perro que teme los puntapiés de los hombres. Quizá lo despertó el frío de la noche; tal vez nuestra algazara; acaso el dolor que debió causarle mi bastón sobre sus pobres riñones de borracho... ¡No! No lo despertó el frío ni nuestra algazara ni los golpes de mi bastón. Paco despertó porque era ya la hora: hay un minuto en que se vencen todos los plazos para el hombre; hay un minuto en que es ya la hora. Nadie le ofreció el vaso de ajenjo, pero cuando lo hubo tenido en su mano temblona de alcoholizado, en su mano desarticulada y retorcida como una raíz anémica, nadie hizo el menor movimiento para arrebatárselo. ¿Por qué su deseo no lo empujó a apropiarse de mi vaso o del vaso de Pío, que estaban también llenos? ¿Por qué se apoderó con avidez y júbilo del vaso de Edgardo, saturado de la implacable droga?

Vimos sus ojos congestionados relampaguear de satisfacción cuando su mano llevaba hasta sus labios amoratados e hipertróficos el vaso mortal; lo vimos poner nuevamente el vaso ya vacío, aterradoramente vacío, sobre la mesa; lo vimos limpiarse con el dorso de la manga la húmeda boca. Respiró fuertemente. Parecía agradecido.

Una curiosidad dolorosa como un deseo se iba apoderando de mí; yo quería ver todos los gestos, quería percibir todas las manifestaciones de aquel hombre en cuyo cuerpo la muerte empezaría a triunfar; nosotros habíamos visto entrar la muerte por la boca de aquel borracho; entró despacio, haciendo gluglú por su garganta...

De súbito, Paco dio un grito, un grito estridente y prolongado, como el de un perro que fuese arrollado por un automóvil. Nos pusimos de pie, electrizados. El pobre borracho se llevó ambas manos a la cabeza y se la palpó por unos momentos; luego se frotó varias veces las manos fuertemente, desesperadamente, como si tuviese mucho frío; vaciló un instante sobre sus piernas y rodó por los suelos; intentó incorporarse, pero sólo logró hacerse un nudo hacia un rincón del cuarto; allí empezó a temblar horrorosamente, mientras sus manos desarticuladas recorrían diabólicamente todo su cuerpo en un vano intento de querer cubrirlo con ellas; los músculos faciales se le convulsionaron y su rostro adquirió un aspecto siniestro a medida que las cejas, los párpados hinchados, los bigotes y las mejillas flácidas se agitaban en una danza inverosímil; la respiración se le hizo cada vez más lenta, cada vez más angustiosa, hasta que una profunda disnea le desorbitó los ojos espantados y lo obligó a agitar los brazos en busca de una ayuda imposible. Por último, empezó a hipar; el hipo lo sacudía todo entero y lo obligaba a inclinar profundamente la cabeza, como si quisiera saludarnos; a cada uno de estos movimientos arrojaba por la boca entreabierta un líquido filamentoso. Luego... luego ¡nada!

Nos volvimos a ver en silencio. Pío se acercó a él, sacó un pañuelo y le limpió cuidadosamente aquella baba que le manchaba la barba y el pecho; en seguida procuró cerrarle un ojo que habíale quedado abierto, pero el párpado rebelde tornaba a abrirse. Desistió. Después lo agarró por las axilas y me hizo señales para que lo cogiese por las piernas. Entendí que quería sacarle del cuarto y le pregunté indeciso:

—¿A dónde?

—A su lecho. Paco no se ha movido de su lecho en toda la noche.

Comprendí. Edgardo corrió a la puerta y le oímos decir:

—Ahora es tiempo, no hay nadie.

Lo cogí por las piernas y salimos con aquella pavorosa carga al corredor; lo depositamos suavemente en el enladrillado, allí donde el borracho tuvo su último lecho; lo colocamos vuelto hacia la pared y procuramos ajustarle el gesto de un hombre que duerme.

A continuación fuimos a despertar a la patrona para pedirle la cuenta.

V

Soplaba un viento frío y el cielo era de un gris desmayado. A los lados de la trocha las casas se hacían cada vez más numerosas. Edgardo iba en el asiento trasero del carro; Pío al volante; yo, al lado de Pío, bostezaba. Ante mis ojos empañados se desperezaban los números del indicador de la velocidad en el que las millas parecían duendecillos abúlicos: 15-20-15-20...

Amanecía.

1927.

DESVARÍO

A José R. Castro

La tarde es un poema de serenidad. Limpio el cielo azul. Clara la atmósfera de cristal. Bajo aquella limpidez y aquesta claridad, como una moza sensual recién poseída se adormece la ciudad.

En el parque alardean las arenas de los senderos y parecen empiñatados los rosales. La mirada se me va, tal un rapaz curioso, hacia la luz, hacia el tinte de las corolas, hacia el brinco del surtidor, y se aferra también a los pies incansables de la chiquillada que viene y va.

Un desfallecimiento placentero me ha hecho abandonarme en este banco rústico, bajo la sombra pía del empenachado macizo de bambúes. Mientras mis ojos ruedan por la gaitería que envuelve este jardín, mi alma se ha olvidado de sí misma y descansa, porque no hay mayor fatiga que la producida por llevar a cuestas el pesado fardo de uno mismo.

Por la carrera de los naranjos un hombre se acerca a mí; se detiene, echa un vistazo distraído en derredor, con la intención de no reparar en mi presencia; pero en seguida se decide a buscar descanso a mi lado; al acomodarse en el banco me saludó fríamente con un breve:

—¡Excúseme!

—¡Está bien! —le respondo.

Él insiste en olvidarme y yo hago otro tanto.

Una nenita toda rosada —cinco años blondos y rotundos— pasa corriendo frente a nosotros, tras de su aro multicolor y... he aquí que la hemos visto caer. Corremos a auxiliarla, pero él es más presto que yo: la toma en regazo infante, estrechándola fuertemente, locamente, la acaricia y súbitamente hunde su cara en el cuerpo como sólo es permitido hacer con las doncellas púberes. Todo esto ocurre en un instante y no he podido intervenir, mas como la niña empezara a llorar y a debatirse, yo le grito:

—¡Que le hace daño! ¿Está usted loco?

El hombre abandonó en el suelo su presa; la nena recogió presurosa su aro y huyó amedrentada.

Aquel arrebato de pasión en carne que no debe desearse, en carne prohibida y tierna, me indignó y casi sin darme cuenta de ello, me encaré al desconocido:

—¿Qué ha pretendido usted?

Al principio no pareció reparar en mi voz; sus facciones revelaban un gran tormento, una pena muy honda, y clavaba sus ojos en los míos como si no me comprendiera. Después hizo un gesto indicándome que debíamos sentarnos. Le obedecí maquinalmente. Luego me dijo:

—¡He estado a punto de encontrarla...!

Hablaba en alta voz y con singular vehemencia. Yo, que iba adquiriendo la certidumbre de estar entendiéndomelas con un loco, empecé a inquietarme y guardé silencio, pero él cortó mi pensamiento para explicarme:

—No se equivoca usted si cree que yo estoy loco. Desde que la perdí mi razón se ha declarado en bancarrota y... ¡quién sabe si nunca tuve yo razón!

Me atisbaba con la fiebre de sus ojos negros y se retorcía las manos, como si le doliera desprenderse de su secreto.

—La conocí en un baile —prosiguió—; en uno de esos salones de la barriada pobre que atemorizan a la gente burguesa; en una de esas zarabandas plebeyas donde las mujeres y los hombres se llenan de alcohol hasta la borrachera. El ambiente estaba opalescente por la humareda de los tabacos, y a fuerza de calor y de humo apenas se podía respirar. A poco de entrar se percibía un olor a hembra en celo y a macho cabrío, y hasta las palabras olían a satyrion. Pero ella...

Recalcaba con tal fruición siempre que decía "ella", que me daba la sensación de estar pronunciándolo con todas sus letras mayúsculas.

—...parecía un rayito de sol, una blanca promesa; esperaba sin duda al príncipe encantador o la chinela de cristal; tenía quince años, tersa la piel, rico el color en las mejillas ricas, flava la melena y la boca de miel y la mirada de fulgor. La llamaban por un extraño nombre, un nombre magno según la clásica heroína, la llamaban Miranda. Insólito sucedido eso de encontrar un tal nombre bautizando a una hija del arrabal, pero es el caso que le venía espléndidamente tal denominación. Antojóseme que ella había sido una bebé de esas que en las noches frías de los cuentos —una noche de San Silvestre quizá— se encuentran abandonadas en los portalones, finamente envuelto su abandono en linos fragantes, un colgante de oro en el pecho, y en el colgante un nombre. ¡Naturalmente! "Esta es la verdadera historia de la niña", pensé. Tal vez en ella granó un amor prohibido, y su abandono evitó una tragedia.

Y la amé. La amé por su extraño nombre y por su extraña impubertad. Y al notar que sus senos no habían tenido tiempo de alzarse, y parecían temerosos de punzarle el corpiño, la amé. Era una cosita nueva, capullo reventón, un fruto tierno y dulce, el más tierno y más dulce porque todavía no era más que flor; amé en ella cuanto de promesa encerraba; amé lo que ella podría llegar a ser, lo que podría tener yo en mis brazos cuando ella llegara a la edad ensangrentada del milagro...

Yo estaba asombrado y espantado ante aquella manera febril de relatar, ante aquella suma de exaltaciones; y no atinaba a comprender el entronque que tendría un tal cuento con la escena morbosa que yo había presenciado. El hombre no dejaba de hablar un instante y se le congestionaban las venas del cuello como a los oradores populares; por momentos adoptaba gestos teatrales y ridículos; vestía como cualquier hijo de vecino, y llevaba un espléndido diamante solitario en el dedo anular de la mano izquierda y una cadenilla de oro en el puño derecho.

—Nadie parecía reparar en ella —continuó—. Yo la invité a bailar. Una marquesita de los dorados tiempos de la chacona la habría envidiado por lo frágil de la contextura y por la nobleza de la línea. Al bailar, ella se recostaba sobre mi pecho como para llorar un gran dolor. "Echa de menos —me dije—, el buen siglo cortesano, cuando para danzar apenas érase permitido a los varones rozar, con enguantada mano, las manos de las damas". A pesar de todo lo delicado y fino que ella encerraba, hilvané un hilván morboso y sensual alrededor de su carne en agraz. Quise vaciar mi alma enferma en su vida y enseñarla a rimar crueles aberraciones en las páginas rojas de la sexualidad; gozarla equívocamente hasta anonadar la prohibición; morderla como a un fruto; encenderla como un hachón crepitante; hundirla en todas las simas hirvientes del gran pecado...

Indudablemente que yo estaba asistiendo a una crisis psicopática, en la que actuaba un prurito nefando. Aquel hombre era uno de los casos de la Medicina Legal. Yo ya empezaba a impacientarme, pero decidí continuar escuchándolo:

—¿Y bien? —le dije.

Él reanudó su desvarío:

—Esa noche ella me amó también; me amó como nadie lo había hecho antes; en fiebre y en violencia me dio todo lo que yo le he pedido al amor; y hacia la medianoche, en un cuartucho que pretendía de reservado, ebrios de raras embriagueces, teniéndola en mis brazos toda menuda e insexuada, nos enloquecimos bajo una onda de sensaciones crueles, candentes y contradictorias, que recorrían desde la perversión hasta el incesto: a ratos un efebo y a ratos hija mía. Nos despedimos a la madrugada, convencido yo, y ella también al parecer, de que habíamos atado nuestras vidas con un dogal sagrado y perdurable. Ofreció esperarme al día siguiente en su casa, a donde yo iría a buscarla para no separarnos jamás...

Se le quebró la voz, se le nublaron los ojos y se puso a llorar como un chiquillo. Tres veces intentó proseguir, pero su garganta anudada sólo le permitió emitir los hipos de la angustia. Esto me impresionó y quise consolarlo, pero mis palabras se deslizaron sobre su dolor, sin calmarlo; sollozaba con la frente hundida en las dos manos, cuyos dedos crispados le despeinaban los cabellos negros. Al fin pudo continuar:

—No la he vuelto a ver... no la he vuelto a ver... ¡la he perdido! Al día siguiente seguí las señas que ella me diera, pero nadie la conocía, ¡nadie! Se alejó de mi vida, por amor o terror, yo no lo sé. Saltó ligeramente desde el trampolín de un engaño y la cubrió la sombra impenetrable, la devoró el misterio. ¿Dónde estará? ¿Dónde estará? Y lo más desgarrador y fulminante de mi caso es que la he perdido también dentro de mí: ¡he olvidado cómo era ella! Hace tres noches me di cuenta de la horrible verdad. Quise evocar sus ojos, quise evocar su frente, su nariz, la línea de su cabeza, y... ¡no pude! Sólo reconstruí su boca, sus labios acogedores, sus labios tibios... En tres días ella se ha borrado de mí y no es más que una boca, unos labios que besan en el vacío...

De pronto deja de dirigirse a mí, y se dirige a ella, a su Miranda, a la mujer que ha perdido:

—¡Pero Tú estás en mí! —dice casi gritando—; te siento, me haces rebosar. Es preciso creer que existe el alma, porque si no hubiera algo más dentro de los ojos, más dentro de las venas, más dentro del cráneo, más allá de todas esas cosas que atrapan los sentidos, al olvidar tu imagen te habría olvidado. Mas tú persistes y triunfas dentro de mi ser como un germen vibrante; Tú eres Tú, vencedora de ti misma, sobreviviendo al hundimiento de tu propia imagen... Mi corazón marca un ritmo triunfal: amo a una mujer, lo grita mi sangre, lo grita mi cabeza, lo gritan todas mis fibras temblorosas; estoy empapado de esa mujer, saturado de ella estoy. Pero... ¿cómo es ella? ¿Cómo es su voz, y sus ojos y su frente? ¿Cómo sus líneas y sus ángulos? Un día —es todo lo que puedo recordar—, ella vivió en mis sentidos; mis sentidos dieron razón de ella un día; por mis ojos entró a mí, por mis palpaciones, por mi lengua, y, como una fragancia, aturdió mis alfacciones anhelantes. Hoy mis ojos no la recuerdan, tampoco la saben mis manos, tampoco puedo aspirarla ni oírla... Sin embargo, libre de mis sentidos, yo me rebelo y la proclamo e insisto en gritar definitivamente: ¡"Ella está en mí! ¡Ella persiste!" Pero una curiosidad dolorosa no me da tregua y desgarra con fiero gancho mi quietud: ¿cómo es ella? ¿cómo es ella? ¡Ah! esta tarde he estado a punto de encontrarla al abrazar la nena que cayó...

Yo comprendí entonces y él lo adivinó porque me lo dijo:

—Usted lo sabe, usted fue testigo de ello... Cerré los ojos y aspiré y apreté fuertemente aquella carne tierna que olía a ella. Por un minuto mis ansias creyeron que se descorrería el velo, y mientras esperaba el milagro, apretaba cada vez más fuerte los párpados y mis manos apretaban cada vez más fuerte...

Calló un instante. Su respiración era fatigada como la de aquel que ha corrido mucho, mas su locura no le dio reposo y reanudó casi al momento:

—A veces pienso, como los enfermos que evocan desde sus lechos los días de salud y de sol, que hace apenas un mes yo era un ser normal; comía, vestía, frecuentaba los espectáculos, trabajaba como todos los demás. Ahora todo se reduce a buscarla: inquiero fuera de mí; la comparo con las otras mujeres: de ésta tiene la palidez, de aquélla los ojos, de esotra el andar, y así preparo todos los materiales, pero cuando quiero armonizarlos, mi construcción se derrumba, no doy con ella...

Ya sus palabras no tenían la vibración vehemente de al principio, sino una entonación desmayada; me hacía pensar que se le estaban cayendo las frases de los labios, como caen de los árboles las hojas secas.

—Y el sentirla a cada instante, y el pensarla, y el soñarla, me hacen estar cruelmente seguro de que ella está dentro de mí. Creo a ratos que quizá por amarla se me fue muy dentro, muy dentro, más allá de todas las cosas, más allá de todo lo que me ha dado la vida, de todo lo que me han contado los libros; quisiera entonces vaciarme, convencido de que en el fondo de mí mismo la encontraría como una joya rutilante. Otras veces creo que se ha difundido en todo mi ser, y que cada partícula guarda algo de ella: entonces cierro los ojos y me acaricio suavemente con una mano la otra mano, y cuando la ilusión quiere cobrar contornos, de pronto no sé si la mano que acaricia o la mano acariciada es la de ella y...

Las sombras habían caído sobre el jardín. Ya no había niños y la negrura creciente nos daba la idea de que nos estaba envolviendo, algo que no sabíamos lo que era, algo que podía ser el alma de la noche. Una silueta de mujer, de mujer joven pasó frente a nosotros, y mi extraño acompañante se echó a correr tras de su sombra. En su carrera, olvidó sobre el banco su sombrero y su bastón. Una intensa compasión me hizo tomar aquellas prendas y correr tras el alucinado. Corrí y corrí, pero el hombre fue más veloz que yo y le perdí de vista en un recodo. Por el mismo camino vi venir a un gendarme.

—¡Detenga a ese hombre —le grité—, deténgalo, que está loco!
—¿Cuál hombre? —me repuso el gendarme con desconfianza.
—Ese que va corriendo... va descubierto... ha olvidado su sombrero y su caña...

Al decir esto le muestro las prendas y me doy cuenta de que tengo en mis manos mi propio sombrero y mi propio bastón. Un estremecimiento de horror recorre mi cuerpo al notar que en mi mano izquierda mi solitario destella, mi viejo solitario, y que, en mi muñeca, una cadenilla de oro me aprieta como para hacerme recordar... Y recuerdo, y torno a temblar por mi pobre razón, y torno a pensar que quién sabe si nunca tuve yo razón...

LA PAREJA Y UNO MÁS

ÉL. — Estudiaba Medicina, cuarto o quinto año, tenía veinticinco años y se llamaba de cualquier modo, Jacinto Moncada. Estudiaba, no por amor a la Humanidad, sino para curarse él mismo de su pobreza, y por tal razón era un buen estudiante. Trabajaba por un módico sueldo en la clínica de un viejo galeno, catedrático de la Universidad, quien tenía la obsesión de la apendicitis. Siempre que llegaba un paciente, aunque se quejara de neuralgia facial, el buen viejo, con la mayor atención, le examinaba la región ilíaca. Cierta vez vino a buscarle una jovencita, recién egresada de un convento, acompañada, naturalmente, por sus respetables papás, quejándose de continuas náuseas y malestares digestivos. El médico diagnosticó sin vacilar: ¡apendicitis! Operó. El apéndice estaba sano. Después se averiguó que la dolencia no era tal dolencia, que era preñez. Con este viejo médico, si Jacinto no aprendía grandes cosas, por lo menos le cobraba un salario que le permitía vestir mal, comer peor y pagar sus estudios.

ELLA. — Se llamaba Filomena. Era una chica medio provinciana y medio analfabeta. Tenía dieciocho años y, como todas las mujeres de esa edad, era deleitable y ardorosa. Reía, sin saberlo ella, con una risa tintineante y cariciosa, tibia y sensual. Mostraba al reír o apenas al sonreír una dentadura fulgorosa. Por lo demás, no era una chica bella, y en todo caso, la belleza no le hacía falta alguna, pues tenía lo que le basta a cualquier mujer: juventud, alegría y un hombre a quien amar.

Habitaban una de esas cuarterías del arrabal pobretón. Tenían sólo una cama angosta y reumática, una mesa coja y un baúl. Se desayunaban con frijoles brutos, empolvados de queso, alguna vez carne asada, pan y café. Almorzaban un cocido escaso de verduras, en el que nadaba a flor de caldo un pataste edematoso, y cenaban cualquier cosa insustancial.

Su vecindario era sórdido: una lavandera, que era aplanchadora también, trabajadora y prolífica, madre de cinco arrapiezos sin padre, y encinta de meses menores; un albañil que se emborrachaba todos los sábados, y la querida del albañil, muchacha clorótica, despeinada, hedionda, con los ojos claros y las mamas caídas; una ramera que ejercía su profesión a domicilio, pero como usaba medias de algodón y llevaba los tacones torcidos, tenía muy escasa clientela; y así por esta guisa hasta dos docenas de personas. Además, paseaba su hambre y sus pulgas por el patio, Cupido, el perro del albañil: los dioses de los pobres parecen perros y se les cuentan las costillas.

Se habían conocido en un restorán de tercer orden donde ella trabajaba muy mal remunerada, y donde tenía que sufrir el empalagoso floreo de los parroquianos. Jacinto llegó una vez y no le dijo nada; volvió varias veces para verla; le clavaba los ojos sin ofensa y, en apariencia, hasta sin deseo; cierta ocasión la llevó para dar un paseo y desde entonces no volvió más al restorán.

Vivían sin que la ley civil los hubiera declarado unidos y sin que la Iglesia los hubiera autorizado para acostarse juntos. Ella le permanecía fiel y le ayudaba; le mantenía el entusiasmo para estudiar y le remendaba los calzoncillos. Y tenía imaginación. Cuando él fuera un hombre profesional, comprarían una casita blanca, toda blanca como si fuera de loza pulida; la casa tendría un jardinillo donde plantar rosas y crisantemos; y vendrían entonces los hijos, muchos hijos, cinco, diez, una docena. El derecho a la paternidad se compra con dinero y ellos podrían comprarlo. A Jacinto no le disgustaban esas charlas de la mujer; quizá no ignoraba él que en esas charlas, empapadas aparentemente de imposibles cosas, es en las que bebemos el entusiasmo para nuestras mayores conquistas.

Cuando estudiaba su sexto y último año de Medicina, Jacinto encontró una colocación mucho mejor retribuida que la de ayudante de su viejo patrón. Se lo comunicó a éste y se despidieron en buena armonía. "Nunca deje de examinar a sus pacientes la región ilíaca – aconsejó el viejo galeno–; la apendicitis es una enfermedad muy frecuente y muy traidora". Jacinto agradeció el consejo, pero rió en lo más íntimo de su ser, porque estaba convencido de que la tal apendicitis era una inofensiva antigualla; la enfermedad de moda, la enfermedad de tono y de buen gusto era por entonces la sífilis. Los navajazos en la región ilíaca no tenían ya ninguna demanda, en cambio... ¡el dióxidoamidoarzenobenzol! Unos cuantos jeringazos endovenosos, y otros cuantos intramusculares de bismuto y de mercurio, y ya estaba hecha la fortuna del facultativo.

Su primera preocupación, al recibir su primer sueldo, fue la de mudarse. Encontraron una habitación humilde, pero mucho más céntrica y decente que su antiguo asilo.

Hubo algunos muebles y entre ellos, ni la cama amplia y olorosa a pino verde, entusiasmó tanto a Mena como el tocador, con sus tres espejillos relucientes. Ya podría contemplarse horas enteras, en ese rito singular de la feminidad. Fue entonces cuando descubrió que tenía unos dientes fulgorosos y sintió la sensación, sin comprenderla, de querer gozarse a sí misma, en un satánico placer imposible.

Con el cambio de posición, cambiaron también sus costumbres. Jacinto llevaba a Mena al cine y después de la función hasta se quedaban a cenar en algún restorán trasnochado, donde ambos, sin decírselo, evocaban su primer encuentro. Fue en uno de estos lugares donde Jacinto se vio obligado a presentar su amante a su amigo Jorge del Valle. Jorge pertenecía a una familia rica. A pesar de eso no era un tonto. La riqueza heredada cretiniza. Estudiaba Medicina, no por amor a la Humanidad, sino para ostentar por la vida un diploma académico, y por tal razón era un mal estudiante. A pesar de que Jorge era un mal estudiante y Jacinto no, habían sido compañeros desde el primer curso sin que en los exámenes el bueno dejase atrás al malo, porque un buen estudiante pobre y un mal estudiante rico son valores iguales.

Jorge charló cualquier nadería y adelantó cualquier comentario sobre la película que se había corrido aquella noche en el Variedades. Después, para festejar el encuentro, ofreció con mucha naturalidad unas copas de champaña, y al salir, les ofreció su automóvil, manejado por él mismo, para llevarlos hasta su casa. Jacinto hubiera rehusado de buena gana, pero la invitación fue dirigida más a Mena que a él, y ella aceptó complacida. Ya se extinguió la raza de la mujer que rehúsa un ofrecimiento de automóvil; el automóvil es hoy por hoy un argumento tan demostrativo y convincente, como lo fueron antaño las serenatas a la luz de la luna o los castos madrigales dulzones.

Tres días después. A medianoche, Jacinto y Mena regresan del teatro. Como él aparecía hosco y enfurruñado, ella, echándole los brazos al cuello, le preguntó con arrumacos:

—¿Está enojadito o enfermo, mi señor?

Jacinto se quitó con frialdad los brazos de ella y evitó la boca entreabierta que se le ofrecía. No contestó. Encendió un cigarrillo y se dispuso a leer la prensa. Como nunca había regañado, no sabía cómo hacerlo; sin embargo, se estaba conduciendo como si supiera. Mena, aunque desconcertada, lo abordó con seriedad:

—Bueno, ¿qué te pasa, hombre?

Jacinto estalló:

—¿Crees tú que yo soy de los hombres que aguantan que les pongan cuernos? ¿Te parece decorosa la conducta que has observado esta noche? Pues, por si lo ignoras, te diré que te has conducido como una desvergonzada. Varias veces te sorprendí cambiando miradas sucias con ese petimetre de Jorge. Y él lo comprende, comprende que le estás coqueteando, y aprovecha la coyuntura como si de por medio no estuviera yo. Ya lo viste, después del primer acto vino a saludarte. Él, un señorito de sociedad que se pasa un entreacto entero charlando con una cualquier cosa como tú. No, no me interrumpas, no me vengas con gestos teatrales ni con lágrimas. Yo no soy de los que se nutren con embustes. Sólo te falta argumentar que llegó para verme, que se trata de una amabilidad de compañeros, que estudiamos el mismo curso, que nos conocemos desde hace mucho tiempo. ¡Mentira! Nosotros no somos compañeros; no puede haber compañerismo entre un rico como Jorge y un pelado como yo, ¿sabes? Lo único que puede existir entre los dos es repulsión, distanciamiento, la repulsión y el distanciamiento que hay siempre entre los que nacen en ricos lechos y los que nos paren en el suelo...

—Pero... ¡por Dios, Jacinto! —gritó la mujer, llorando, sin que los sollozos le permitieran decir nada más. Hipaba y se retorcía las manos con esa sabiduría para el llanto que tienen las mujeres, todas las mujeres, las que lloran de verdad y las que fingen. Todo quieren arreglarlo llorando, como si las lágrimas tuviesen algún poder curativo, como si las lágrimas pudieran alejarnos las desilusiones, como si al través de los ojos empañados se viera la vida más piadosa y más buena. Las mujeres tienen razón.

Nada hay tan eficaz para conmover el corazón de los hombres como las lágrimas. Ojos húmedos, ojos empapados de lágrimas, ojos que nos miran tras los cristales tibios, que se hacen gotas para rodar por las mejillas amadas... ¿Quién puede sustraerse al influjo vencedor de una mujer que llora? Y es que existe un sentimiento del llanto. No es el amor, no es el dolor, no es la alegría ni el miedo los que nos hacen derramar lágrimas; el amor, el dolor, la alegría y el miedo toman prestadas al llanto sus perlas claras y sus hebras milagrosas para tejer su aljófar; sobre todos nuestros minutos excelsos, sobre todas nuestras horas intensas, cuando la vida agita sus antorchas o cuando la muerte desenvuelve sus crespones, siempre se halla suspendido el temblor de una lágrima. Y no sólo se llora con la lágrima prendida al columpio de las pestañas, con las mejillas borrachas de sal o con el torcedor tremendo en los labios epilépticos, también hay el llanto que se nos queda dentro, el íntimo llanto que no se puede ver, pero que nos estalla dentro del pecho o nos muerde en la angustiada garganta. La vida toda es a manera de una góndola fantástica que boga en un gran río de lágrimas.

Pero Jacinto no podía ver el llanto de Mena. No lo podía ver porque estaba ciego, porque tenía sobre los ojos la venda que nos echa el egoísmo de los órganos genitales, que es el peor de los egoísmos. Si hubiera visto las lágrimas de Mena, si hubiera entrado por aquellas pupilas coruscantes, en las que aparecía escrita su honrada sinceridad, él la habría levantado y la habría consolado, acusándose de un acceso de crueldad imperdonable. Pero no vio las lágrimas y continuó erguido en su pedestal de macho en celo. Como Mena no le dijese nada, Jacinto adoptó un aire lamentable y sarcástico:

—En todo caso —continuó— yo nada tengo que culparte. Tú tienes razón. Eso de vivir con un hombre como yo, un hombre pobre, que no tiene automóvil propio ni puede pagarse uno de alquiler, que no gana lo suficiente para llenarte los roperos de trapos costosos y ni siquiera roperos para guardar los trapos. ¡Está claro! Un hombre como Jorge te conviene; un hombre como Jorge que posee depósitos en los bancos y con sólo el trabajo de estampar una firma puede pagarte tus caprichos. Tú estás joven y no puedes echar a perder tu juventud en poder de un amante que vive al día...

Jacinto se paseaba lo largo del cuarto, mientras dejaba caer sus palabras. De vez en vez echaba alguna mirada de soslayo sobre Mena, que estaba inmóvil, con los ojos muy abiertos, fijos en un punto que no veía. Ya no lloraba. Esta actitud le pareció a Jacinto como un reto y se sintió en el deber de herirla, ya no con sarcasmos, sino directamente, con palabras que fuesen rectas a su pecho.

—Pero no te hagas muchas ilusiones. Tu nuevo querido, o tus nuevos queridos, porque tendrás muchos, no te apreciarán como te he apreciado yo. Ellos, los ricos, no son amigos de cargar mucho tiempo con una mujer. Te gozarán y luego te arrojarán a un lado, por inservible. Para agradar a los ricos se necesita arte y tú no lo tienes... ¡qué lo vas a tener! Si apenas hiciste tus primeras armas en aquel comedero de arrabal donde te conocí.

A la mañana siguiente, Jacinto continuaba de mal talante. Al salir para la calle dio un portazo. Esto podría significar mucho o no significar nada. A menudo los hombres golpean las puertas o rompen la vajilla únicamente para cobrar valor o para disimular una derrota doméstica. Pero Mena no sabía estas cosas; sentía la cabeza vacía y persistían en el fondo de su conciencia la injusticia y el ultraje sufridos. Ella se sabía inocente de la asquerosa inculpación. Había cambiado sonrisas y miradas con Jorge, ingenuamente, sin ocultarse, porque le era simpático, y sobre todo porque le creía un amable amigo de Jacinto.

Con el correr de las horas su angustia se acentuaba; le parecía haber perdido toda su dicha y toda su alegría; Jacinto volvería hasta el anochecer, y ella quería que volviese pronto y quería que no volviese jamás. Ejecutó sus pequeños quehaceres maquinalmente, y por la tarde, sin saber qué decir, se arrojó en el lecho y lloró sin tregua ni consuelo. De pronto llamaron a la puerta. El corazón le dio un vuelco. ¿Sería Jacinto?

Era Jorge. El asombro no la dejó decirle nada. Él entró, cerró la puerta tras de sí, la cogió por los brazos y se quedó mirándola. Luego, con mimosa sorpresa, le levantó el rostro por la barbilla y exclamó:

—¡Llorando!

Entonces ella no pudo más y tornó a sollozar.

La voz de Jorge, asordinada y grata, la acariciaba:

—No se debe llorar, chiquilla tonta, no se debe llorar...

Ni siquiera le preguntó el motivo de su llanto, pero enjugó sus lágrimas, alisó sus cabellos y la besó en la boca.

Una hora después, descansaban desnudos en el lecho. Jorge la obligó a recostar la revuelta cabeza sobre su hombro, y le explicó:

—Verás, nena. Hoy teníamos que asistir a un curso operatorio del doctor Valdés. ¿Lo conoces? Grandes bigotes militares, doscientas veinte libras de ánimo sanguinario y un bisturí. ¡Un horror! Tiene un alma de carnicero; corta aquí, corta allá, corta en todas partes. Yo no resisto la sabiduría del doctor Valdés. Los demás estudiantes se vuelven locos por ese bárbaro; todos quisieran ser como ese bárbaro. Yo no. Él me ha hecho concebir una idea diferente e interpretar un sentido más hondo de mi carrera. Yo no seré nunca un médico de los enfermos; yo curaré a los sanos, y especialmente a las nenas dulces como tú. Los hombres no lo han comprendido todavía, pero los sanos necesitamos más que los enfermos que se nos cure de esa dolencia horrible de la vida. ¿Lo ves, nena? Tú misma estabas sana, pero necesitabas que te curara yo. ¿Te he dicho mi diagnóstico? Sufrías un ataque galopante de vida...

Jorge tenía una manera suave de hablar, una manera suave de reír, una manera suave de decir y de hacer todas las cosas. Mena pensó que Jorge sería el mejor de los médicos.

Cuando se anudaba el corbatín frente al espejo, silbaba, sonreía y a ratos se tornaba para guiñarle un ojo pícaro. Luego volvió hacia ella y la cubrió de besos. El bigotito castaño y perfumado la hacía estremecerse y gozar de un modo nuevo. De pronto, Jorge se puso serio, la miró fijamente a los ojos y, recalcando las palabras, le dijo:

—Quiero que me hagas una seria promesa. Fíjate bien: no me ames nunca. El amor es horrible. Queremos ser felices siempre, ¿no es verdad?, queremos no guardar malas memorias. Yo jamás te amaré y serás el mejor de mis sueños, la más grata de mis pacientes. Yo seré tu médico, yo soy tu médico. Deja que Jacinto te ame, deja que él te haga sufrir. Y ahora te doy un beso y hasta pronto...

Bajo aquellos labios y en aquellos brazos, Mena prometió no amarlo nunca, y aún mucho después de haber salido Jorge, le duraba el deslumbramiento. Había descubierto la alegría del pecado, la piafante alegría que borra las angustias, que enjuga el llanto torpe de la vida, y que nos hace buenos. ¡Bendito sea el pecado!

Cuando llegó Jacinto, ella estaba tranquila. Era un Jacinto diferente, estaba pálido, y al acercarse la miró hondamente, y, por fin, como arrastrando las palabras, le preguntó:

—¿Me perdonas, Mena?

Y como ella lo quedara viendo, sin contestar, él insistió con emoción:

—He sido un bárbaro; te dije cosas indebidas que no debí decirte, que tú no merecías; yo sé que tú eres buena; sé que me amas; nos amamos desde el principio y nos amaremos hasta el fin, para siempre, tú y yo, para siempre el uno para el otro... ¡Perdóname y olvida todo! Fue ofuscación... fue miedo de perderte...

A medida que le hablaba se tornaba más íntimo, más cercano, más suyo; le temblaba la voz y en las pestañas le temblaban las lágrimas. Mena lo perdonó, enjugó sus lágrimas, alisó sus cabellos, lo besó en la boca, y con una voz nueva, con una voz asordinada y grata, le decía:

—No se debe llorar, chiquillo tonto, no se debe llorar...

1926.

LA TENTACIÓN

En el centro del valle se destacaba la aldea. Desde la cumbre de un otero, media oculta en el follaje, yo la había adivinado. A la proximidad del villorrio mi mulo alargó el paso. Llegué a eso de las cuatro de la tarde, cuando el mordisco del sol tendía a la clemencia.

Hallábame hospedado en casa de gente cristiana. Dióseme aposento en la sala de honor, muy blanca de cal y alfombrada de pino fragante. ¡Qué encanto el de estas casitas aldeanas, limpias como ropa lavada y hospitalarias como un corazón! Al atardecer, una chica de pies desnudos vino a mi cuarto. Sonrojóse hasta los ojos bajo el pecado de los míos que la escudriñaron y me dijo con cantarina voz:

—Se le ruega, mi señor, la merienda está esperándole.

Fui tras ella hasta el extremo de un corredor, donde sobre una mesa sin mantel humeaba el cándido yantar.

Al caer la noche, una muchacha robusta y despeinada se ocupaba de rajar una pesada troza de pino. Yo le ofrecí la fuerza de mi brazo:

—Déjame la tarea, muchacha.

—¡Ay no, señor, no! Si yo lo puedo hender y hay ya bastante ocote para la luminaria.

Se limpió el sudor de la frente con el dorso de la mano regordeta y rió agradecida. Pude ver la blanca salud de sus dientes, y cuando se inclinó a recoger las astillas resinosas, vi también, por el amplio escote de su camisa almidonada, la rotunda verdad de sus senos.

En el centro del patio chisporroteaba ya la fogarata; era una suerte de sahumerio para ahuyentar la plaga; era además el viejo hogar, el viejo calor doméstico grato a los corazones. Todas las gentes de la casa, en cuclillas, formaban noche a noche una ronda cordial cabe la luminaria; relataban leyendas; toda una tradición de aparecidos y duendes danzaban su danza fantástica; era la hora clásica de la conseja; la llama roja y palpitante ponía en todos los ojos un extraño fulgor, y el estupor que despertaban los relatos, agrandando los ojos, agrandaba el fulgor.

Yo, en tanto, desentumía mis piernas dando lentos paseos a lo largo del corredor; el taconeo de mis botas producía un sonido isócrono y amodorrante; mi sombra trepaba por la pared enjalbegada, en locas embestidas, tan locas e inquietas como las mil lenguas rojas de la luminaria.

Tras el naranjo del patio una luna achatada asomó su desteñida faz, y, a lo lejos, de algún corral distante, un perro aulló. Era un aullido prolongado y quejumbroso como un grito. Un escalofrío de terror recorrió a las gentes congregadas y hubo un silencio que duró lo que el aullido. Luego alguien explicó:

—Sí —confirmó otra voz—, los perros ven muchas cosas que los hombres no ven.

Un anciano de manos sarmentosas, hundidos los carrillos, desdentado, largas y blancas las pestañas que parecían punzarle los discos apagados de sus iris, terció con gesto patriarcal:

—No es un alma en pena, es que ha visto pasar la Tentación.

—¡La Tentación! —clamó una voz medrosa de mujer; y un mocetón recio y brutal, inocente o estúpido, se persignó.

—Sí, la Tentación —confirmó el anciano—. Primero se siente un gran viento frío y luego baja de la montaña una bola de fuego... Cuando esto pasa, aúllan los perros y caen las flores de los árboles que están en flor y a las mujeres embarazadas las prende la calentura... Cuando pasa la Tentación es que el Enemigo Malo anda suelto...

Un zagal, los ojos de asombro y la voz aflautada, con tono presuntuoso exclamó:

—Merito ayer no más al mediodía que yo venía del rastrojo! Hizo un gran viento, un gran viento frío, pero no vi la bola porque se me voló el sombrero y me di la estampía a recogerlo.

—¡Animal! —agredió el corro—. La Tentación sólo tienta de noche.

—¡Verídico! —sentenció el viejo de las pestañas—. La Tentación sólo tienta de noche. Yo sí que la vi allá en mis mocedades. Era una noche negra, negra... Cuando yo regresaba de rondar la casa de una mi muchacha, que ahora ya es abuela, terciada la vihuela con que me acompañaba las coplas, y unos buenos tragos entre pecho y espalda, medio adormilado, íbame derechito a mi champa,

cuando desde un corral un perro aulló y vino un gran viento frío...

—¡Asús, qué tribulación!

—¿Sea por Dios! ¿Era la Tentación, abuelo?

—¡Era la Tentación! —repuso el viejo—. Y al ver venir desde la cumbre del Pinabetoso la gran bola de fuego, me puse a temblar... pero me acordé del escapulario del Carmen que llevaba en el pecho, y agarrándolo con la mano izquierda, me persigné tres veces con la derecha. En ese momento la bola pasó sobre mí sin tocarme...

El mocetón recio y brutal se levantó calladamente para atizar la fogarata; la luna parecía naufragar entre un oleaje de nubes plomizas; yo continuaba mis paseos a lo largo del corredor; el taconeo de mis botas producía un ruido isócrono y amodorrante; mi sombra trepaba por la pared enjalbegada, en locas embestidas, tan locas e inquietas como las mil lenguas rojas de la luminaria; la muchacha que sabía hender el ocote se destacó del corro y al dirigirse hacia su cuarto, pasó cerca de mí; iba muy pálida y los ojos le brillaban extrañamente; recordé sus dientes blancos y el amplio escote de su camisa almidonada, dentro de la cual yo había sorprendido la doble verdad de sus senos: y sentí frío en la médula y como una bola de fuego rodó por mis venas la Tentación...

1926.

LA SONRISA DE LA FÁBRICA

A Zoroastro Montes de Oca

Siempre que este hombre viene a la capital me proporciona muy amenos ratos, porque sabe charlar y de su charla está goteando la sinceridad. Es un obrero y vive en la Costa Norte. Está enamorado de su clase, de sus dolores, de sus sueños y de sus luchas. Ama la vida tal como se la han ofrecido, pero tiene un brioso anhelo revolucionario; quiere grandes cambios, porque realmente hay cosas feas y malas en la vida; quiere transformaciones para beneficiar a la gente oprimida, subversiones para rescatar a todos los esclavos del mundo. No es un arribista, uno de tantos que se sirven de la agremiación obrera para obtener mejoras personales. No, eso nunca. Él no traicionará jamás a su clase. Si su clase llega a recoger un mendrugo de dicha, él lo probará con deleite; pero si sólo les es dado a sus hermanos empaparse los labios en la esponja de hiel, él también llevará los suyos amargos hasta la muerte.

Por eso, porque sus palabras son sinceras, porque sus frases palpitan como una entraña fecunda y porque habla como un poeta, yo gusto de oírle y amo sus gestos y sus rebeldías.

Hoy ha venido triste.

—La vida es mala —me ha dicho—. La vida es cruel con nuestras gentes. Todo el dolor que hay en el mundo es el que llevamos los obreros en la castigada carne; toda la sombra que hay sobre la tierra es la que arrojan nuestras espaldas encorvadas...

Parece atormentado por una de esas penas que no caben en el pecho. Yo le pregunto:

—¿Y qué te pasa, hombre?

—A mí, especialmente, nada. Pero a ella, a la pobre nenita, ella que era la sonrisa de la fábrica...

Y como yo no comprendiera, él se puso de pie y con gesto brusco y alterada voz exclamó:

—¡Bueno... que se está muriendo!

Adivino que está decidido a relatarme su dolorosa historia y lo dejo hablar.

—Era linda, hombre, linda, linda... Parecía una cosita redonda que fuese rodando por el mundo. Si se pudiera pintar una sonrisa, ella pudo haber servido de modelo. Tenía los cabellos suaves como el plumón, de esos cabellos pesados, ondeados, espesos, con que el amor hace almohadones para echarse a dormir; había una riqueza de luz en la negrura de sus iris, ¡una riqueza de luz!, un fulgor que no era el fulgor de la luna, sino un brillo intenso y cegador como el brillo del sol, del sol a mediodía... ¿Y la boca? ¡Cosa más menuda, hombre! Menuda como una mora silvestre sin madurar; si parecía que sus labios no agrandaban más que la rasgadura de sus ojos. Y todo su cuerpo, nuevecito y pequeño, apretadito de carne recién núbil: ¡era la sonrisa de la fábrica! ¡Qué fatiga no nos hacía olvidar la nena, nuestra nena, cuando se inclinaba como nosotros, como cualquier hombre, sobre la ruda tarea!

Hace una pausa como para acariciar la muñequita que lleva en el recuerdo.

—Y nada es que te la pinte, hombre, porque no tengo palabras. ¡Que la hubieras visto tú, que se te hubiera metido por tus propios ojos! Desde que llegó a la fábrica la queríamos; pero la queríamos sin pecado; la queríamos como se quiere a una hermanita buena; nuestras almas eran un espejo limpio en que se copiaba la figura de ella; cuando ella sonreía, su sonrisa se copiaba en todos nosotros, y por eso te digo que ella era la sonrisa de la fábrica. Y esto fue lo que la perdió, porque tú sabes que la sonrisa del obrero no puede durar mucho tiempo; la sonrisa del proletario muy luego se convierte en una mueca de dolor. ¡Claro! El lecho duro, el pan escaso, la tarea inclemente, nos han quitado el derecho a reír; cuando queremos reír, la argolla de la esclavitud que llevamos al cuello nos tuerce el gesto como si fuéramos a sollozar. Y así fue que la Sonrisa de la Fábrica, por ser algo anormal en nuestra vida, por violar la ley oscura del proletario, por el delito de haber acariciado nuestras almas, debía pagar muy duramente. Y lo pagó. Ya lo verás. No sucedió lo de otras veces, la vieja historia del patrón que asalta a la obrerita, para saciar su voracidad libidinosa. No. No lo hubiéramos consentido nosotros, y, además, ella empezaba a vivir y no estaba manchada de pecado; no podía mancharse de pecado la mujer que trabajaba como ella, de pie doce horas seguidas, todos los días, de sol a sol. Pero si ella podía cuidarse de la acechanza visible, si nosotros podíamos protegerla contra todos los males que se anuncian, no tuvimos ojos ni fuerzas para quitársela a la acechanza artera, al invisible mal que no tiene remedio... Un día la Sonrisa de la Fábrica empezó a apagarse, empezó a mustiarse como se mustian ciertos capullos tempraneros. Tosía la criatura, tosía fuertemente con una honda tos que le congestionaba los grandes ojos, y... una vez el pañuelo que se llevaba a los labios quedó rojo de sangre...

¡Charla tan traída del alma la de este obrero que sufre el dolor de una hermana suya que tronchó la muerte! Se le humedecían los ojos francos, y hasta sus palabras sonaban como si llevasen mucha sal, de esa amarga sal que tienen las lágrimas. Y continuó:

—No pudimos rescatarla. Se la despidió de la fábrica porque ya no podía hacer la labor, y, además, ¡por peligrosa! ¡Peligrosa ella que nos había iluminado la vida durante un año largo! ¡Ella que cayó en nuestras vidas oscuras como una cosita luminosa! Una tarde la vimos salir con sus ojazos llenos de despedidas, aquellos ojazos que tenían los tesoros del sol. Las máquinas seguían rodando estrepitosamente, como siempre; nuestras manos seguían atareadas, como siempre; pero la vida no estaba igual... Nosotros sentíamos que algo faltaba, que se nos estaba arrebatando algo, algo que estaba muy apegado a nuestro ser, y que sólo se desprendería con desgarramiento, con sangre...

—¿Ya ha muerto ya? —me atrevo a preguntarle.

—No, todavía no. Antes que la enfermedad la hubiera matado el hambre, porque la pobre nenita ya no tenía fuerzas para ganarse los bocados, y como no hay una ley para proteger a esos desechos del trabajo, ni el Estado ni los patronos cuidan de esas piltrafas... Afortunadamente para ella, nosotros sí tenemos bastante corazón, y hacemos colectas semanales para comprarle pan y medicinas.

Ha dicho la última frase con alegría, con la alegría de ayudar al hermano caído, pero luego se le ensombrecieron otra vez la voz y el gesto:

—¡Si la vieras ahora! —me dice—. ¡Si la vieras...! De todo aquel manojito de carne nueva ya no queda más que una piel amarillenta, pegada a un esqueleto que quiere desnudarse; de todo aquel antiguo encanto, ya sólo persiste el fulgor de sus grandes ojos que aún sonríen, aún sonríen como dos lámparas milagrosas que estuviesen alumbrando unas ruinas. ¡Si la vieras, hombre! La muerte no se atrevió a quitárnosla de una vez y nos la está robando a poquitos, como un ratero inexorable. Un día muy cercano, la Sonrisa de la Fábrica, la pobre sonrisa fugaz de los obreros, se irá volando a lo desconocido...

Mi amigo está empapado de la pena inexpresable que nos da la desesperanza, contra la cual nos sentimos tan débiles, contra la que todas nuestras potencias se agitan inútiles, como briznas de hierba que quisieran detener el huracán.

Luego me dice:

—No olvides que esto no es un cuento, que es una historia verdadera. La nena se llama Teresita Billibord. ¡Recuerda su nombre! Y trabajaba en una fábrica de calzado de La Ceiba.

Maquinalmente yo he tomado unas cuartillas y he empezado a escribir. Al escribir siento una caricia tibia, como si en mi alma se estuviera copiando la Sonrisa de la Fábrica, y además, me aprieta la garganta una extraña congoja, y me parece que los ojos luminosos de Teresita, en la noche misteriosa, semejan dos estrellas agónicas que parpadean en lo infinito.

EL INCESTO

Serían las diez de la noche. A Bernarda le pareció, así como en sueños, que alguien empujaba la puerta de su cuarto, y después, unos pasos cautelosos que se arrastraban por el pavimento, cada vez más cerca de su cama, cada vez más cerca. Luego, unas manos álgidas la desnudaron.

—¿Eres tú, padre?

—Cállate que puede despertarse la Nana.

Bernarda nada veía porque el cuarto estaba a oscuras, pero adivinó que ocurriría algo extraordinario, pues su padre temblaba extrañamente. Hasta creyó que, sobre sus ojos abiertos a las tinieblas, fulguraban otros ojos febriles y desorbitados, y, sobre su boca, un aliento trémulo y rojo la encendía como una llama. Pero guardó silencio para no despertar a la Nana.

Por la madrugada, Bernarda percibió borrosamente, como en sueños, unas pisadas medrosas que huían de su lecho, y después, como si alguien cerrase la puerta de su cuarto.

Bernarda despertó ya entrado el día. Sentía una pesadez dolorosa en los riñones y como entumecidos los miembros. La Nana andaba ya por la cocina. Bernarda la oyó canturrear una letrilla cascada y antigua, e imaginóse la figura desteñida de la viejecita, curvándose en el quehacer. La moza bostezó, desperezóse con fruición, arqueó el torso con un movimiento elástico y felino; luego, rápidamente, echó fuera de las sábanas dos piernas largas, desnudas, espléndidas, y quedó sentada al borde del lecho. Vestíase con especial pachorra; desde la cocina continuaba llegando el canturreo de la Nana. Bernarda tornó a representarse la blandura de los ojos zarcos de la abuela, la sequedad de la piel abundante, que se plegaba mil veces en la frente saltona y en las mejillas hondas; y sobre el busto tácito, un sartal de cuentas verdes, grandotas y relucientes, que contrastaban con el paño desteñido del escapulario santurrón. ¿Cómo sería la Nana cuando joven? Bernarda hizo un esfuerzo para reconstruir las mocedades de su abuela: la pensó con sus mejillas redondas, almagrada la boca húmeda, rica de ubres, curvada de caderas, prieta de carnes... pero se le fatigó el esfuerzo y olvidó de ponerle la dentadura y de sustituirle las trenzas cortas, que parecían dos rabillos blancos. No, no fue así la Nana; no siempre estuvieron tan desnudas sus encías, y quizá cayó muy poderosa y hasta muy bajo, la cascada de sus cabellos. Para enmendar su falta empezó por dentarla, pero continuaba traviesa su fantasía porque sólo logró formar una dentadura basta y amarillenta que, unida al conjunto, ofrecía un aspecto momo y burlón. Bernarda no pudo menos que estallar en risas ante su abuela dentada y jovenzona.

¡Bah, se acabó! La Nana era la Nana, menuda, arrugadita y santa; así la había conocido y así la quería. La madre de Bernarda murió dejándola de brazos, y los de la abuela se le habían abierto desde entonces ampliamente; en ellos se habían redondeado sus quince años empapados de vida.

En el vano de la puerta atisbaba la abuelita.

—Muy buenos días. ¿En qué piensa mi niña?

Bernarda dio un grito de júbilo.

—Muy buenos, Nana. Estaba pensando en que yo te quiero mucho, muchísimo... ¿Cómo has amanecido?

—Muy atareada. ¡Como no tengo quien me ayude en el quehacer...!

La abuela acaramelaba la voz para reprochar a la nieta.

—Si no lo hago de intento, Nana. Y es tan rico el sueño del amanecer.

Bernarda le echó los brazos al cuello, la besó en la frente y salieron abrazadas hacia la cocina.

La mañana surgía bajo el signo cálido de la primavera del trópico. Goteaba el rocío de las hojas de los árboles y rodaba entre la grama nueva y sobre la tierra negra y pródiga. Mugían las vacadas entre los pastos temblorosos de las dehesas; no muy lejos oíase el monólogo perenne del arroyo que bajaba de la montaña, despeinándose en las cascadas y azulándose en los remansos. El senderillo serpeaba a lo largo de las cercas de piedra. De la tierra, de la grama, de los árboles y aún de los húmedos pedruzcos, parecía emanar un vaho turbador y ardoroso.

Esteban es un recio varón que frisa en los cuarenta años. Salió de casa cuando todavía parpadeaban los últimos luceros; cejijunto, enfebrecido y desolado, llevaba aún la boca envenenada por el beso que no se debe dar y en sus dedos hormigueaba la caricia del incesto. No le había servido para nada su vida de hombre probo y normal; para nada la blanca fortaleza del que se ha forjado sobre la entraña taumaturga del surco. Bernarda lo había tentado; Bernarda lo había lanzado al vórtice del pecado imperdonable. Ante los hechizos de su propia hija, en vano había clamado al Dios escondido de su corazón. Ese Dios de los desesperados y de los débiles no vio su desesperación ni su flaqueza; ese Dios que todo lo puede no pudo nada cuando en sus noches interminables de insomnio y de deseo, pugnó por amordazar la rebeldía ignominiosa de su carne y de su sangre que le gritaban: ¡tómala, aunque sea tu hija, tómala! ¡Ah, su carne y su sangre que le hicieron, durante infinitas noches, arrastrarse y babear como un perro rabioso, ante la puerta que guardaba el pudor y la inocencia prohibidos a su anhelar! ¡Ah, su carne y su sangre que le vendaron los ojos y le guiaron hasta el lecho imposible, poniéndole sedas en la planta para cautelar los pasos que no debían despertar a la Nana!

Bajo su frente oscura corría en una fuga doliente toda su vida. Y en un minuto de evocación y de locura fue otra vez el chico moreno que sabía reír en el regazo blando de la Nana; y otra vez el mozo garrido que endilgaba en los oídos de las doncellas la palabra endomingada y triunfal; y otra vez vibró entre sus brazos la primera Bernarda, su muerta, su Bernarda legítima, aquella que le fue entregada toda blanca, delante de todos, en la iglesia del pueblo. Y aunque su ansiedad se acogía desesperadamente a las viejas imágenes, el torrente ominoso de su sangre aún no aplacada lo arrastraba implacable hacia la otra, hacia la Bernarda de la noche anterior, hacia la prohibida, hacia aquella que había hurtado en medio de las sombras, a espaldas de los hombres y a espaldas de Dios. Recordó cómo la había visto alzarse y madurar; evocó el primer latigazo del deseo maldito, tres años atrás, cuando ella, al servirle la mesa, le rozó descuidadamente su hombro con el seno aún informe; luego, ante sus ojos que no querían ver, cómo fue surgiendo y redondeándose la hembra atormentadora y cabal; y la mañana en que la vio surgir desnuda, prieta y húmeda de las aguas del río; y la fuerza invencible que lo obligó a agazaparse detrás de los arbustos para violarla con los ojos; y el tormento de los largos meses de tenerla cerca, sin tenerla como su sangre la quería, hasta que al fin, aquella noche, rotos todos los diques, su desbordamiento en el regazo de la virgen que no supo negarse ni resistir, y se le entregó, muda y total, en el lecho sombrío.

Saltó sobre la cerca de piedras y se quedó parada en medio del sendero; sus finos remos parecían vibrar; su piel rojiza lucía como de raso a los rayos oblicuos del sol madrugador; venteó un instante y dejó escapar un relincho triunfal, elevando hacia el cielo la cabeza insolente.

Esteban se detuvo de golpe; luego, con cautela, sin quitarle los ojos de encima, empezó a acercársele. El animal lo observaba con insistencia y con recelo; sacudía la bella testa como diciendo a veces sí, como diciendo a veces no; mas cuando el hombre estuvo ya a corta distancia, lanzó un nuevo relincho, escarbó la grama con la pata, dio un corcovo y echó a correr. A lo lejos, otro relincho sacudió la mañana.

Aquello era tremendo para Esteban; su yegua de raza, el orgullo de su rancho, su sueño de pequeño propietario, hecho realidad después de largas economías angustiosas, se le iba ahora por los predios libres donde podían arruinarla los garañones de mala sangre. Se echó a correr tras de ella. La persecución llenó la mañana. Acezante, pero sin darse tregua, Esteban siguió al animal, apedreándolo, gritándole, diciéndole frases mimosas y lanzándole injurias. Por fin, jadeante, enronquecido, cubierto de sudor, logró alejarla de la peligrosa zona y acercarla a la casa. Entonces, como un rayo, entró a la cuadra, en cosa de segundos ensilló su caballo, cogió la soga y saltó en la montura.

En el momento de partir, la Nana salió de la cocina y tras de ella salió también Bernarda. Con un golpe de rienda, Esteban detuvo su caballo y les contó a gritos lo ocurrido.

Sus ojos encontraron los de su hija. ¡Todo se había olvidado! ¡No había pasado nada! En los rostros de los tres campesinos sólo había una inquietud: ¡la yegua!

Picó espuelas el hombre y se perdió en las curvas del sendero. Por un instante sus hombros vigorosos, cubiertos por la camisa oscura manchada de sudor, se balancearon ante los ojos de las dos mujeres, sobre el lomo del fogoso animal que lo llevaba como en alas del viento. Un nuevo relincho partió la atmósfera como una clarinada.

Al entrar de nuevo en la cocina, la Nana dejó caer su comentario:

—¡Así es la primavera!

Y bajo los árboles, sobre la tierra pródiga, la mañana volvió a quedar como cualquiera otra mañana.

1924.

LA AMENAZA INVISIBLE

A José de la Cuadra

A pesar de su magno nombre, Romana siempre fue una chiquilla frágil. Pudo creérsela víctima de algún extraño morbo al ver sus mejillas pálidas, su frente pálida y sus labios exangües y secos, como cansados de besar. Pero no. Su palidez era como un gran temor ante su tardía nubilidad. Las tocas conventuales hubiéranle venido a maravilla para crear una suerte de abadesa ambarina, atormentada por las tentaciones y los cilicios, como aquellas monjas pálidas que se durmieron en el seno del Señor, en los atardeceres desmayados, con las manos, como lirios marchitos, cruzadas santamente sobre el busto tácito.

Romana era una poquita cosa; una de esas virginidades inofensivas que no son apropiadas para encender la sangre de los hombres. Tenía los cabellos rubios, de un rubio desteñido y simplón; los ojos claros y fríos como los de ciertas muñecas que se aburren en los bazares, y la voz, un hilo tenue en que se adelgazaba el sonido.

Vivía en una pequeña quinta suburbana, que se recataba tras las frondas de un huerto. Hija única, era ella sola para cosechar las blanduras maternales de doña Leonor. Esta mujer había tenido una historia galante de placer y de pecado. Corrió mucho mundo. Fue amada por magnates porque ella sabía mantener siempre rebosante la copa de las tentaciones, y más de alguno perdió su cordura en el abismo de los ojos verdes de doña Leonor. Había sido una de esas hembras envenenadoras que parecen llevar el sexo difundido en todo su ser: sexuales la risa y la sonrisa, el andar perezoso y la voz, la mirada de incendio y el gesto sabio, la curva de escándalo y la leyenda equívoca.

Pero... quedábale algún resquicio de vulgaridad cuando, al doblar la cuarentena, tuvo el cuidado burgués de concebir a Romana. Y no fue menor su espíritu de defensa, cuando pudo, entre mimos y lágrimas, atar la vida de su hija a la opulencia de don Gil. Don Gil, su último amante, se dejó convencer fácilmente —y qué aire triunfador se gastaba por aquellos días—, halagados sus sesenta años por aquella aventura de consecuencias.

Asegurado un porvenir tranquilo, doña Leonor empezó a ser realmente doña Leonor. Olvidó su nombre cortesano —tal vez Zazá, quizá Manón—, porque quería, en el olvido de su casita blanca, al margen de la ciudad bullanguera, contar sus primeras canas, observar sus primeras arrugas y captar las caricias dulzonas e inofensivas de don Gil, cuyas manos sabían escribir, de fecha en fecha, cheques bancarios consoladores.

Cierto es que don Gil era gordo, que usaba mostachos anticuados, que se reía a carcajadas y que tenía los dientes postizos, pero... doña Leonor no era ya la cortesana elástica, la varona encendida de juventud y de pecado. Todo su antiguo encanto, primaveral y perverso, se había mustiado; el soplo del tiempo la había desnudado, así como el soplo del huracán desnuda al árbol; al igual que las hojas viajeras, sus galas volaron una a una en el ala del tiempo.

Aquella noche...

...Don Gil, arrellenado en la muelle butaca, fumaba plácidamente. Doña Leonor, inmóvil frente a él, ligeramente recostada en un diván, parecía hundida en evocaciones; los párpados caídos y las pestañas largas sombreando los ojos verdes. Romana tocaba al violín una serenata melancólica de Moskowsky; la silueta de la nena se idealizaba en el vano del balcón, rebosante de luz lunar; una pantalla inmensa velaba la bombilla eléctrica. Las notas se elevaban del cordaje, limpias, una a una, como las cuentas fúlgidas de un rosario fantástico; lentamente, como las arenas mudas de algún reloj milenario. De pronto cesó bruscamente la música en un desacorde doloroso y desconsolado. Romana, como una gata friolenta, vino a esconderse en el regazo de doña Leonor.

—No puedo más —musitó—, no puedo más...

Había en su voz cierta inflexión atormentada como si quisiera sollozar. Don Gil, los ojos fijos en las espiras de humo azul de su cigarro, como si siguiera un pensamiento íntimo, preguntó:

—Leonor, ¿te acuerdas de Vladimir, el violinista ruso?

—¿Por qué? —interrogó a su vez la voz exaltada de doña Leonor.

—Por nada, mujer. Se me vino al recuerdo. Era un gran artista.

—Era un gran artista... —repitió la voz calmada de doña Leonor.

—Le conocimos en Viena, ¿recuerdas? Fue el mismo año en que nació nuestra Romana. Estaba un poco tísico, el pobre. Paréceme que murió poco después...

Doña Leonor, pálida y muda, oprimió contra su pecho la cabeza rubia de Romana, y sus brazos robustos apretaron el cuerpo frágil de aquella muñeca, como si quisiera librarla de una amenaza invisible.

Si don Gil no hubiese sido corto de vista, habría podido advertir en los ojos verdes y en las pestañas largas de doña Leonor, unas gotitas claras que se parecían mucho a las lágrimas.

1924.

LA NATI

Por el malecón que bordea el Río Grande, pasea su aburrimiento Octavio Fernández. Las aguas, quince pies abajo, se amodorran en la quietud y las medias tintas del atardecer.

—Todo enfermo de estancamiento —piensa Octavio—; todo contagiado de resistencia al movimiento.

Y en verdad que hasta al Río Grande le había contagiado el ambiente; la inconciencia de los hombres había sido más fuerte que la Naturaleza; el río era antes pujante y rebelde; al embate de sus grandes avenidas crujían las arcadas de los puentes y arrancaba de cuajo los amates gigantescos. Aquel puente colonial, macizo recuerdo de los españoles, bastó una noche para descimentarle. Octavio recordaba aquella noche; él era un chico; condujéronle de la mano a contemplar la obra de rebeldía, pues el río no quería yugos. ¡Cómo le pareció hermoso y cómo le amó! Nació entonces en su alma un secreto anhelo de ser como el río, como el río suyo, al que había visto vengador, llevando a espaldas, entre blancor de espumas y rizos de ondas, la armazón descompuesta del pontón colonial. Y hogaño, ¡qué tristes las aguas quietas! Más que río, era un sartal de grandes ojos claros.

—Le asesinaron —exclamó Octavio.

E imaginaba al campesino ignorante, hacha en mano, desnudando las sierras, frescas y rumorosas madres del río, ubres de gigantomaquia, de las que descendía la larga cinta espejeante, como una fuga de cristales. Pero los gobernantes no amaban el río o no sabían protegerle. (Los gobernantes saben muy pocas cosas). Sin embargo, un poeta lo amó y lo cantó. Octavio se había aprendido las rimas de aquél de los gestos altivos y de los ojos verdes:

Sacude, amado río, tu clara cabellera,
eternamente arrulla mi nativa ribera,
ve a confundir tu risa con el rumor del mar.

A los límites de la ciudad finalizaba también el malecón. Octavio buscó una vereda que lo llevase hasta la playa. Al bajar tropezó con dos mujeres que cargaban grandes líos de ropa en la cabeza. Ellas lo examinaron con curiosidad, y ataron en seguida el hilo roto de su charla:

—¿Y la niña?

—Cayendo que levantando, un día bien y otro mal. Ayer perdí el sol al lado de su cama.

Octavio se alejó pensando en aquella lavandera sencilla, que hablaba en oro fino. Bella frase: "¡Perdí el sol!" Y, ¿acaso no podía él decir la misma cosa? Rememoró: su infancia alegre (todas lo son cuando se nace para gastar zapatos y romper juguetes); briosa la juventud, briosa y despreocupada (¡mi juventud montó potro sin freno!); su viaje al extranjero cuando aún sentíase hermano del río; el abandono de sus estudios a causa de un pícaro afán aventurero que lo obligó a rodar y rodar; el vértigo de los seres no vistos, de las cosas no imaginadas y el vicio y el placer que lo despabilaron... Su reacción: asco de movimiento, asco de novedad; otra vez el antiguo nido, todo quietud; otra vez la vieja patria, todo inmovilidad. Y ahora, envejecido y caduco antes de que el tiempo le hubiera sonado sus treinta repiques. Muy íntimo le agarraba el remordimiento de su derroche inútil de vida, en la que había sido un enlistado de ese tercio oscuro de cantos rodados, que nada cimentan y nada destruyen.

—"Mi sed de vida acaso —me hizo apurar muy pronto— el licor de mi vaso" —comentó con un lirismo de decadencia, y después, con sorda entonación, sorda y rápida—: ¡Peor aún, peor aún! Yo también perdí el sol...

Sana alegría la suya al recorrer la vieja escena de sus correrías de colegial. Y ahora lo recordaba: por ahí se iba a La Gloria. Tentóle la idea de volver a aquel antro que frecuentaron sus quince años de sátiro embriagado, porque esta Gloria no es la que la leyenda bíblica ofrece al Justo, sino simplemente la taberna más bulliciosa y pecaminosa de su barrio.

Octavio subió a una alta piedra y desde esta atalaya distinguió, hundida en la penumbra, la casona aislada y chata. De entre el ruido de interjecciones que ya percibía, se elevaba canturreando una voz cascada al compás de una guitarra.

—¡Tacho! —exclamó Octavio.

Tacho era un viejo largo y seco como una vara de cohete, pero no tan recto, pues sus espaldas hacían su curva correctamente geométrica; largo el cuello; melenuda y descuidada la cabeza gris; la cara pequeña como un puño, agrandada por unas barbas escrupulosamente desgreñadas; en medio, una naricita malcriada como un puntero, horadada oblicuamente por dos agujeros deshonestos; sobre la nariz unos espejuelos formidables y rotundos; tras los lentes, los ojos ciegos que añoraban sus felices tiempos de aguda miopía. ¡Los anteojos del ciego o El ciego de los anteojos! Valiente título para una historieta, de esas con explicación cerca de la firma.

Cuando Octavio entró a la taberna había ya bastantes parroquianos. La actual propietaria era una vieja asmática, magra, de facciones marcadas a grandes líneas. A la vista de Octavio, bien trajeado, esbozó una sonrisa y fue solícita a ofrecerle una mesa. Este se instaló y saludó al progreso en una grafonola deslustrada y en la bombilla eléctrica que pendía del techo; estas cosas no existían a sus quince años. Le interrumpió su examen la voz de la patrona:

—¡Mande el señor! Aquí se encuentra de todo: de beber, de comer, de fumar y —remarcó intencionada— buena compañía: jóvenes, sanas, bien presentaditas... La tarifa es bajísima. Ya verá, ya verá cómo va satisfecho el señor...

Y sonrió la proxeneta. A la orden de "café, solamente café", se retiró apresurada y zalamera.

En el vano de la puerta se recortó la silueta de un nuevo visitante; era el tipo clásico del rufián, y sin más de extraordinario que un chirlo en la mejilla izquierda, que arrancaba desde la comisura de la boca fina. Tacho, cerca de la puerta, cantaba hasta desgañitarse. El recién venido lo sacudió de un puño y le gritó:

—¡Só, el grillo!

Calló el anciano ciego, sobrecogido de súbito miedo, y una ola de inquietud recorrió las mesas, en las que se agrupaban los bebedores.

—¡Vení acá, Luisín!

—Luisín, ¿querés un trago?

Las invitaciones llovían entre campechanas y respetuosas, adivinándose en todas ellas el deseo de agradar, pero el objeto de tales atenciones no se dignó responder.

El café que se servía en La Gloria era de lo mejor, cargado y fragante. Luego de apurar todo el contenido de su taza, Octavio sintió ganas de embriagarse. Pidió cualquier licor, algo seco, fuerte, una botella entera, y llenó un vaso. El ambiente excitaba los sentidos. Bebió y bebió. Su imaginación empezaba a sacudir las alas.

Luisín se entretenía cambiando discos a la grafonola. La grafonola arañaba esa música inclemente que sólo pueden amar los yanquis. Al cabo de un rato, el chulo preguntó en voz alta, dirigiéndose a todos y a ninguno:

—¿Y la Nati?

Uno de los presentes se precipitó por una puerta del fondo y a poco reapareció, trayendo en pos una hembra delgada. Su traje de un rojo criminoso le apretaba las caderas y el busto, y en cambio, una larga enagua de amplios vuelos nada dejaba adivinar. El chulo la arrastró hacia sí, le oprimió el talle con un brazo largo que la rodeaba por entero como un tentáculo, y hundió la otra mano por el escote acogedor. La hembra le echó los brazos al cuello y sus manos breves improvisaron un nudo trenzado y moreno.

Al través de la niebla de su cabeza, Octavio veía girar la pareja. Los danzadores se estrechaban, se oprimían sin decir palabra. Atormentaba su mutismo y se adivinaban sus deseos hastiados y exasperados. A pesar de su brutalidad, a Octavio se le aparecían como las figuras irreales de un cuento fantástico, como si fueran arrastrados por un torbellino satánico. Sentíalos bailar dentro de sí mismo, como una idea difícil de decir, y seguía con sus ojos obsesionados los pies de la mujer, que correteaban incansables tras los pies del macho. El baile era de una torpe simplicidad; diáfano el remachón; había furiosos giros en que la enagua amplia se arrollaba tentadora a las piernas del hombre, para retirarse en seguida con maligna movilidad. Eran un solo cuerpo, un solo pecado, un vicio no más. Se oía su jadear; se adivinaban sus alientos como llamas prendidas en sus labios, y tenían los ojos fúlgidos, iluminados de corrupción y de dolor...

Calló la música y Luisín pareció despertar; se detuvo en seco y empujó con violencia a la ramera, que fue a dar a la mesa de Octavio.

La chica no se quejó ni protestó, y el chulo con la mayor naturalidad le volvió las espaldas.

—Siéntate y bebe —le dijo Octavio, solemnemente ebrio.

A la voz, la Nati se dejó caer en una silla, apuró de un sorbo el vaso que le ofrecían y quedó inmóvil, muda. Aparentaba quince años; su tez era suave, "color de amor", como llaman los campesinos a ese jocundo esmalte de los botijos santanecos; sin afeites las mejillas redondas; el labio superior grueso y levantado descubría unos dientes blancos y prietos; la barbilla carnosa como un fruto descubría un agujerito redondo; claros los ojos; los cabellos partidos en bandos por una raya que le llegaba de la frente a la nuca, y, ocultándole las orejas, dos trenzas delgadas y largas se enroscaban sobre ellas como serpientes dormidas.

Después de apurar varias copas, la Nati se puso de pie y le invitó con un gesto. Octavio la siguió. Salieron por la puerta del fondo, atravesaron un pasillo y entraron a un cuartucho mal amueblado en que blanqueaba un lecho angosto. Al extremo del cuarto había un postigo abierto y una puerta cerrada.

Octavio puso los codos en el ventanico y miró: a cincuenta pasos, allá más bajo, dormía el río; una luna amarantina y deforme se levantaba sobre las montañas; el río era un trazo de azogue; la playa, blanca de luna y suave de arena, se palpaba con los ojos como de algodón. Y todo se le metía a Octavio por los sentidos y le brindaba una placidez cordial.

El tictac de su pulsera lo tornó a la realidad. Sentada a la orilla del lecho estaba la Nati, en completa desnudez; colgantes las piernas, distendidos los brazos, llano el vientre, altos los senos altaneros... En los senos había conservado la virginidad, porque miraban de frente como personas honradas; la virginidad nunca puede arrebatarse a la mujer; hay en las líneas de su cuerpo o en los rasgos de su espíritu un rinconcito donde aquélla se refugia; la virginidad no está ubicada en el himen; mujeres cuyos genitales fueron hollados por el ímpetu de mil poseedores, siguen siendo vírgenes y siguen dando a los ojos extraños la sensación de una pureza inmaculada. Toda esta chiquilla era un taladro clamoroso de la tentación; los muslos abombados, y largos y desnudos de vello; el pubis arqueado y las axilas cóncavas; mas al verle los ojos claros e inmóviles, parecía la escultura de la

Serenidad. Octavio había visto algo parecido en el estudio de un artista, no recordaba dónde, pero aquella luz opaca de la piel no era mármol, ni bronce ni barro; era algo más cálido, tal vez madera: una Serenidad en madera, sin esmaltes y sedosa y fragante como el cedro real.

Se acercó a ella sediento de belleza, dilatadas las pupilas como para recibir, dilatadas las narices como para aspirar, ansiosos de roce los labios. La belleza le cantaba un himno en carne y alma. Se había saturado de ella en el azogue del río, en el mantel de la playa, en el chilcal que esbozaba un aguafuerte, se embriagaría de ella en la mujer. Al acercarse a aquella figulina de cedro, percibía ya el olor litúrgico de selva, de gruta, de mujer...

Cuando llegó hasta ella, advirtió manchas violáceas en las ubres virginales, en el vientre y en las piernas. ¡Una profanación! La devoción del artista cedió a la indignación del hombre:

—¿Quién te golpea?

—Luisín.

—¿Y por qué?

—No te importa... Él es mi hombre.

—Pero eso no puede continuar así... ¡ese animal te va a matar!

—Él lo hace cuando no gano dinero; dame una buena paga tú...

—¡Pero no hay quien le dé una paliza al muy canalla! —gritó Octavio exaltado.

—¿A Luisín? —preguntó la hembra con asombro, y luego agregó con voz segura—: Para Luisín no hay hombre...

"Para Luisín no hay hombre", repitió Octavio con extraña inflexión. Un propósito le surgió en el pecho; instintivamente palpó su revólver minúsculo, que dormía en su bolsillo del pantalón, y dispuso salir:

—Espérame, monina, no te vistas que vuelvo en seguida.

Tardó media hora larga y apareció por la ventanica abierta para el río. Entró intensamente pálido. Enlazó a la hembra, suavemente, por la cintura y la llevó hasta el lecho. Sentáronse y Octavio le puso ante los ojos una buída hoja de acero húmeda y roja:

—Querías una buena paga y este es un adelanto...

Y ante el estupor de la chica, explicó:

—Yo lo castigué. Para Luisín hay hombre... No volverá a ultrajarte.

Hablaba con grandes pausas, trabajosamente. La Nati le escuchaba momificada, mas de súbito se lanzó sobre él, golpeándolo con los puños, enloquecida:

—¡Asesino, asesino! —chilló—. ¡Si yo lo amaba...! ¡Perro! ¡Traidor! ¡Devuélvemelo!

Eran desbordantes su insulto y su llanto. Octavio la agarró por los brazos:

—¡Asesino no, asesino no! —gruñó—. Lo maté como hombre; el puñal está rojo de mi sangre, pero él se quedó allá...

Se desasió la hembra y salió corriendo desnuda hacia el río. Octavio examinó su herida que sangraba abundante en pleno pecho. Probó a fortalecerse mintiéndose:

—No será más que un rasguño...

Se encasquetó el sombrero y encendió un cigarrillo. Quería evitar la cantina bulliciosa y atravesó la puerta por que huyó la Nati. Los vapores del alcohol se le habían disipado, pero se tambaleaba como un borracho. Subiría hasta la trocha de automóviles para regresar a la ciudad. Una media noche fría lo miraba con sus mil ojos. Cuando ascendía por el caminillo tortuoso echó un vistazo al río; dormían las aguas como un trazo de azogue; la luna se empequeñecía en el cenit; sobre las arenas que se palpaban con los ojos como de algodón, cabe al sueño del río, en la atmósfera diáfanamente lechosa, alcanzó a ver la desnudez fugitiva de una mujer: un capricho frágil labrado en cedro real, una llamita ambarina que se perdía entre los chilcales...

1924.

EL ESTRENO

¡Mi amiga es una joya! —Quince años que son un perfume y es una música su constante reír. En ella la alegría es como el rocío en la flor tempranera, como el "cristal oro y rosa" al crepúsculo cuando empieza el día.

Pero también sabe llorar. Tal digo porque he visto ya gotitas transparentes enrojeciendo sus ojos y rodando por sus mejillas.

Un domingo me tocó consolarla porque su padre le prohibió que fuese a "matiné" con sus amigas. Otro día, quizá domingo también, me cupo en suerte acompañarla en su pena. En esta ocasión no valieron palabras de consuelo, que la chica estaba ¡descorazonada!

Fue el caso que la modista le envió en aquella mañana su vestido de estreno que llevaría lucidamente al concierto de en la noche. Era rosado, su estreno, con el suave color de sus mejillas, y era además, de "tela de cristal". Ella misma había ido de compras el día anterior y había regresado llena de gozo, con las mediecitas rosadas, las zapatillas rosadas también, su capota del mismo color, que le venía de perlas en su cabecita de cabellos cortos, castaños, ensortijados.

¿Ya se la imaginan con todas aquellas cosas? El vestido esponjadito como una nubecilla de aurora, la seda de las medias brillando, que eran una tentación, las zapatillas apretando aquellos pies menudos, y la gorrita metida hasta los arcos perfectos de sus cejas. Todo preparado para un triunfo. Y cómo la mirarían los estudiantes... ¡Vamos, que ya tendrían para abrir la boca los muy simplones!

Para su gloria, un sol doradote y bonachón caldeaba el poblado, ni una nube imprudente. Bajo un cielo estrellado, como era de esperarse, ella toda rosada, haciéndose admirar a la luz de las bujías eléctricas, sería un ensueño —ni para ponerlo a dudas— una risueña ilusión...

¡Cómo tardaron en pasar las horas de aquel día! ¡Qué interminable fastidio, Dios mío, si fuera la noche! Llegó al fin, tenía que llegar; mas, no vino sola, pues con ella, nubes y nubes se amontonaron.

Aquellas nubes tenían el aspecto del vecino de enfrente, tanto eran ceñudas y negras. Y luego... ¡la lluvia!

Aquello fue un diluvio, un verdadero tormentón de trópicos... y adiós estreno, músicas, estudiantes boquiabiertos: ¡glorias de chiquillas!

En la misma noche, cuando la lluvia había cesado y la tierra fresca despedía un olorcillo inquietador, yo me acerqué a su casa.

Casi no me habló al saludarla. Y cuando quedamos sentados, frente a frente, empezó otra lluvia incontenible: sus lágrimas, que rápidamente humedecieron su pañuelo de encajes y batista. Esta lluvia —que era un gran dolor rodando por unas mejillas— también tuvo sus truenos, pero ¡qué truenos!, si no ensordecían y traían espanto, eran una intermitencia musical: sus sollozos. Y de vez en vez, un relámpago iluminaba mi espíritu, descubriéndome un cielo triste y bello: el de sus ojos cuando en los míos detenían su raro fulgor...

Sentí dolor de impotencia ante el inconsolable de mi amiguita del vestido rosado.

¿Cómo calmar su honda pena? ¿Cómo volver la noche a su principio, constelar el cielo de luces y llenar de estudiantes y músicas los parques?

Aquello fue espantoso; su más grande dolor.

Y sin embargo, cuánto daría por escuchar de nuevo sus sollozos y ver rodar sus lágrimas. Y este deseo egoísta me hace pasar por la cabeza cosas inauditas, pues ansiosamente sueño que otra tormenta como aquella le mate un triunfo, le deshoje otra gloria —¡glorias y triunfos de chiquilla!— como en la noche del estreno de «tela de cristal», gorra de gasa y sedas y mediecillas de tentadora transparencia, cuando ella pensó aparecer rosada, rosada: risueña ilusión, delicado encaje de aurora.

EL MILAGRO

Tarde calurosa, el cielo azul, montañas acicaladas de pinos parecían cortar con su sierra gigantesca el horizonte. Charla loca de un amigo que marchaba a mi lado y oprimía mi brazo con la suave presión de su mano cordial.

Y caminábamos sin rumbo por un senderillo que retorcía sus curvas entre la rusticidad de las cercas de piedra y a la caricia de la grama que le lamía en los costados.

Sucedió que al mucho andar, apareció a nuestra vista un edificio de tosca arquitectura que estiraba sus altos muros pálidos, desgarrados aquí y allá por altas ventanas ensombrecidas con la férrea defensa de gruesos barrotes.

Sentí una extraña conmoción cuando oí decir a mi amigo:

—¡Es el manicomio!

A él nos dirigimos e instantes después llamábamos nerviosamente a sus puertas, tras las que abrigaba el dolor de la sinrazón.

El empleado que nos recibió nos hizo el ofrecimiento de satisfacer nuestra curiosidad, y guiados por él recorrimos largos corredores silenciosos cuya solemnidad sólo era interrumpida por las explicaciones de nuestro conductor. Pasamos a un amplio patio interior, donde tampoco podía percibirse ruido alguno. Ante nuestra admiración, el empleado explicó:

—Es aquí donde vienen a reposar en las tardes aquellos asilados cuya locura es inofensiva. Estos desgraciados tienen no más una obsesión dulce, quieta... parecen estar absortos ante imágenes inasibles pero amadas: son los místicos, los sacerdotes de la ilusión.

Y en verdad; a poco empezamos a ver fisonomías apacibles, miradas vagas en donde brillaban raros destellos que les iluminaban de vez en vez los rostros pálidos, figuras de cera silenciosas, y hasta oí tras una enramada una voz tierna que decía, a manera de súplica llorosa, una canción vulgar:

Yo le dije al cielo que me la dejara
y el cielo me dijo que no...

Y entonces le dije que a mí me matara,
y el cielo me dijo que no...

Aquel estribillo quedó martirizándome los oídos e impulsado por algo irresistible fui en busca del mísero que así se lamentaba; era un viejecillo encogido como un punto y que al verme reía, reía con su boca desdentada, y sus ojos empañados me miraban alegremente mientras empezaba de nuevo: "Yo le dije al cielo..." Sus palabras eran himno al dolor que se sufre toda una vida, pero había olvidado que el dolor de la cordura llora y gime, en tanto que el suyo, sin dejar de serlo, cantaba y reía.

Quise reunirme a mis compañeros cuando una voz sonora y metálica llamó mi atención:

—¡Venga Ud.!... ¡Venga Ud.!... No se vaya sin verla.

En un rincón del patio había un rosal y frente al rosal estaba el hombre. Joven, fuerte y de maneras distinguidas. Me acerqué a él. En sus manos tenía una rosa.

—Perdone, caballero, que le haya importunado, pero bien vale la pena. Ud. me dará la razón —me mostraba la rosa— ¿no es verdad que es bella? Mírela, los pétalos son blancos; algo más puro no lo hay, y es natural. Observe usted que tiene corazón de oro... ¿Y su fragancia no le hace pensar que así perfumarían las piedras preciosas? Ahora está condenada a la inmovilidad y al silencio: no ríe, no canta, no danza y, sobre todo, le faltan aquellos ojazos que miraban serenos y fijos... Para mí lo mismo da, aunque se haya hecho flor, yo la veo siempre mujer y aún la oigo cantar, reír, aún danza conmigo, aún me habla, y hallo en su boca, en su cuerpo, en sus ojos, la misma fragancia y brillo que Ud. sólo puede encontrar en su corazón de oro, porque para Ud. no es más que flor.

Hizo una breve pausa mientras miraba absorto la espléndida rosa y luego, como quien toma una resolución, me dijo al oído:

—¿Verdad que usted no le dirá a nadie?

Y sin esperar respuesta continuó:

—Sí, yo lo sé, usted no lo dirá y es por esto que le contaré cómo se realizó el milagro.

Me forzó a sentarme a su lado en un banco rústico y empezó:

—Hace mucho tiempo, mucho tiempo... Yo nunca había amado; tenía miedo de las mujeres y las malquería porque son frívolas, ríen demasiado y no han aprendido a pensar; además, las mujeres infunden amor, y el amor es torpe porque es ciego. Yo sólo sabía pensar y mi placer era verlo todo con mi cabeza, con mis ojos, sin vendas, sin amor... Cuando me sentí fuerte busqué las mujeres para probarles mi fuerza, y pasó mucho tiempo sin que una tan sola pudiera cegarme. Pero una noche —fue en un baile— la vi; estaba de espaldas y su cuerpo era delicado como un perfume; sus cabellos cortos, rizados como un capricho; y su nuca... ¡ah!, su nuca era tersa como un pétalo y más aún... y blanca como toda la rosa y más aún.

Ella sintió el peso de mis ojos que la quemaban y volvió a mí los suyos y sonrió, sonrió como nadie lo había hecho en el mundo, con toda el alma... Su sonrisa era una esencia que embriagaba y me embriagué. Le hablé de amores y aquella noche dejé de ser fuerte. Desde entonces nos vimos todos los días. Pero otra noche, que como en la primera, ella estaba de espaldas y yo podía admirar al mismo tiempo su cabecita rizada y su boca mimosa, su cuerpo y sus ojos, pues se arreglaba frente a un espejo, avivando el luto de un lunarcillo que la manchaba junto a la boca y humedeciendo con ámbar sus labios rojos, ella me dijo sin vacilaciones:

—¿Qué me miras? ¿Piensas acaso encenderme con el mentido fuego de tus ojos?

No es posible que te ame porque tú no tienes corazón, sólo te amé un instante... —y luego, como temiendo haberme dañado, agregó— pero te admiro porque es poderosa tu inteligencia... te lo mereces.

Allí aprendí que la mujer no puede amar el talento, y ella tenía razón, porque ha de saber Ud. que yo soy un genio. (Se irguió cuanto pudo y levantó la frente y los brazos en una actitud de magnífico orgullo.) Mi nombre está escrito con astros y mi espíritu vive en la armonía recóndita que hay en el rodar de los mundos...

Recobró su aire confidencial y parecía cansado:

—Aquella noche no dormí y a la madrugada ella vino a mi cuarto. No podía acercármele porque una fuerza secreta me mantenía como clavado, y luego... su talle se fue estrechando y se estrechó todo su cuerpo más y más, y sus senos se trocaron en espinas y sus brazos en dos hojitas verdes. Y cuando quise que sus ojos se fijaran en mí, y como antes, intensamente... y cuando quise que su boca me sonriera, con toda el alma, hasta embriagarme, sólo vi una rosa blanca, igual que ésta, la más pura de todas las rosas. Despúes me trajeron aquí y la he vuelto a encontrar, sólo que cuando quiero tocar su cuerpo me hieren sus senos y cuando quiero estrecharla se deshoja y muere. Pero no vaya a creer Ud. que muere para siempre: todas las tardes la encuentro nuevamente fresca y blanca, todas las tardes está blanca y fresca como antes, y aunque esté condenada a la inmovilidad y al silencio, yo la veo siempre mujer y siempre, aunque no me ame, vendré a embriagarme de ella. Mientras sus senos convertidos en espinas me hieren y desgarran las manos, ella, todas las tardes, morirá deshojada en mi pecho y siempre devoraré su piel hecha pétalos que saben a miel, pero que me enloquecen como el champagne, o como la mirada intensa de sus ojos, o como su sonrisa...

Desperté sobresaltado. El sueño había durado más que de ordinario porque un rayo de sol entraba por la ventana de mi cuarto y vi que mis manos heridas oprimían el tallo de una rosa. Había en mi boca un sabor como de miel, dulce, y corría en mis venas algo loco y travieso cual champagne.

Octubre de 1923.

UNA HISTORIA CUALQUIERA

I

Nos conocíamos desde niños. Yo la había amado allá por los albores de mi adolescencia, cuando todavía jugábamos al escondite o correteábamos tras las mariposas. Me enloquecían sus grandes ojos y sus rizos castaños. Recuerdo una mañanita azul en que ella me regaló un magnífico botón de rosa, apretado y rojo, y desde entonces me gustaron las rosas tanto como los bombones. Por muchos años durmieron los pétalos marchitos de aquella flor entre las páginas de un mi libro de leyendas, de cuando las hadas salían de aventuras por los caminos.

Julia nunca supo de mi amor, porque a los diez años estas cosas no pueden decirse. Pero evoco una tarde lejana en que me pareció que comprendía.

Era en el viejo huerto donde solíamos jugar; ella corría agitada y yo pugnaba en vano por darle alcance; de pronto, la vi tropezar y caer; se hizo mucho daño y las lágrimas quisieron humedecer sus ojos; yo, no sabiendo qué hacer, la estreché fuertemente entre mis brazos; ella se me quedó mirando con fijeza y ya no lloró. Creí entonces que mis abrazos tenían un gran poder consolador y, con los años, he confirmado esta creencia.

Julia fue muy precoz y esta precocidad me la robó. Ya a los quince años usaba tacones altos, poníase brillantina en los párpados, bailaba el tango y el fox-trot y se dejaba decir. Yo apenas era por esos tiempos un ávido estudiante del Instituto. El recuerdo de Julia me traía, de vez en vez, cierta tristeza, una cruel sensación de algo perdido, un vago perfume como el de los pétalos marchitos que conservé por muchos años en mi viejo libro de leyendas. Pero hasta esto fue apagándoseme día tras día, porque nada hay como el tiempo para dejarnos vacío el corazón.

II

Cuando abandoné la Universidad la volví a encontrar. Fue en el salón de baile de un club social aristocrático; la invité y nos instalamos frente a una minúscula mesa de mimbres, propicia a la intimidad. Al evocar nuestros primeros juegos y nuestras risas, nos pusimos tristes, porque hace daño al alma recordar los buenos tiempos que se han ido. Yo busqué, en aquella mujercita de veintiún años, algo de la chica lejana que hizo vibrar intensamente la cuerda de oro de mi corazón.

Nada encontré. Julia habíase mustiado en el ambiente impropio de las soirées y de los teatros; me pareció vencida...

De no haber tenido en mí la imagen de una muñeca de bucles castaños, con mucho asombro en los ojos y mucha verdad en el rubor, me habría entusiasmado esta nueva Julia que me invitaba con su aliento de mentas y anís; el cansancio que adormecía sus ojos le venía muy bien; había una suerte de desilusión en sus gestos, muy chic, y, en toda ella, un desfallecimiento disimulado pero cruel.

Julia debió encontrarme muy otro. Mi rudo empeño por desigualarme me había enfermado de libros y llenado de vacío. A la edad en que otros van, yo venía. Una sed infinita de ser me empujaba, pero un asco invencible por todo lo que es me retenía; luchaban en mí la ambición terrena y el divino desprecio por las glorias humanas. Pensé muchas veces: lo quiero todo; pero me interrogué en seguida: ¿para qué?

Y al través de todos mis vuelos y en medio de todas mis luchas, mi escepticismo entrevió la ironía de esta incógnita, el contorno burlesco de esta pregunta: ¿para qué? Pero por sobre esta nulidad a que me hubieran reducido las fuerzas iguales que luchaban y se destruían en mí, mi orgullo, mi magnífico orgullo, me obligaba a subir. No me estimulaba un ansia de cumbre, sino un miedo de tierras bajas, un asco de montón, una vehemencia de no convivir y de sentirme solo. ¡Ah! ¡Cómo odiaba este concepto: los demás! Y me regocijaba porque tenía el convencimiento de ir muy alto, no como el que conquista porque tiene ambición, sino como el que se aleja porque tiene orgullo. El orgullo es un exquisito miedo de contacto, una noble hambre de soledad.

Aunque Julia estaba cansada del flirt ligero de los salones, debió sentirse irritada ante mi sequedad. Yo, a mi vez, protesté en mi interior de esta figulina, interesante para una aventura, pero en la que no podría encontrar a la nena, gárrula y traviesa, que perdí al disiparse la nubecilla de mi primera ilusión.

Era ya muy tarde. La música, las flores y el champagne ponían en las almas una nota de artificiosa alegría. Como languidecía la charla, metí los ojos en las parejas que danzaban. Julia, de espaldas al regocijo, parecía rencorosa en su silencio. Pronto me olvidé de ella porque el torbellino de fox-trot que se arremolinaba en el local distraía mi atención, y no hube de atender a su presencia hasta que ella se puso de pie y mientras se arrebujaba en sus pieles, me dijo con la mayor indiferencia:

—Las tres de la mañana... ¿Te quedas?

Me incorporé; ceremoniosamente le tendí mi mano y respondí:

—Me ha complacido conocerte.

Dudó un momento, luego comprendió y murmuró vengativa:

—Tú también me has parecido un extraño...

La vi reunirse a los suyos y en seguida perderse en la escalinata.

Febrero de 1925.

LOS RECUERDOS

El recuerdo más lejano que guardaba de sí mismo era el de haberse encontrado caminando por un senderillo cubierto de hojas secas que crujían bajo sus pasos, un día soleado, bajo la sombra de un robledal, y que le llevaba cogido por el puño un hombre; este hombre le parecía a él muy alto y muy grueso; su mano le cubría casi todo el antebrazo, pero no le hacía daño; por el contrario, sentía un verdadero placer en que le cogiera de aquella manera; el recuerdo, aunque muy claro y definido, apenas cubría unos cuantos pasos; no recordaba de dónde venían ni para dónde iban; el hombre le escuchaba con amorosa ternura y se inclinaba para contestar a sus preguntas incoherentes; tampoco recordaba acerca de qué hablaban él y aquel hombre; debía tener por entonces no más de tres años. Después averiguó que el tal hombre no era tan alto ni tan grueso y que aquel hombre fue su padre.

Es verdaderamente raro, pero sus más lejanos recuerdos estaban adheridos a su padre, a quien nunca conoció. El segundo recuerdo tenía por escenario su propia casa. Era una casona antigua, de estilo sobrio y triste como fueron las que enseñaron a construir los colonizadores españoles en las poblaciones pequeñas de América: muros de adobe, altos y gruesos; grandes salas aireadas y soleadas; grandes ventanas con enrejado de hierro. Una mujer le dijo: "¡Ya va a venir tu padre!" Y entonces él corrió a la puerta del zaguán y estuvo esperando algunos minutos, sentado en la pequeña grada, viendo hacia un extremo de la calleja estrecha, empedrada y tortuosa. En cierto momento, un hombre, el mismo hombre grueso y alto, apareció en la esquina; venía trajeado de oscuro y traía un grueso bastón negro con puño de oro; lo del puño de oro tal vez no se le había grabado desde entonces, pero como conoció después aquel bastón, lo había asociado ya definitivamente al recuerdo; al aparecer el hombre, él echó a correr a su encuentro; el hombre entonces le tomó por las axilas y le alzó sin esfuerzo, y así, en brazos, le trajo hasta la casa. En la verdadera escena, la que posiblemente se repitió muchas veces, pero que él la consideraba como una sola vez, es posible que él hubiese gritado: ¡Papá, papá! Y también es posible que el hombre le dijese algunas palabras mimosas y dulces. Pero en el recuerdo la escena era muda: la visión del hombre vestido de oscuro, su carrera a encontrarle, la alzada en brazos, y allí terminaba todo. Debía haber tenido por entonces más o menos la misma edad de tres años.

Su tercer recuerdo era el de encontrarse sentado en el centro de la mesa del comedor de su casa; era de noche; alrededor de la mesa había muchas mujeres vestidas de negro que le hablaban con cariño y que lo mimaban con palabras y gestos; a cada momento entraban más mujeres vestidas de negro; algunas se detenían con él y otras penetraban al dormitorio de su madre; su madre estaba llorando desesperadamente; él oía sus gritos; era la primera vez que oía llorar o por lo menos era el primer llanto que recordaba; él sentía una extraña congoja, una pesada angustia y adivinaba que debería pasar algo muy malo. Esa fue la noche cuando se recibió la noticia de la muerte de su padre, muerto en la guerra, muy cerca de la frontera nicaragüense. Su edad entonces era la de tres años y medio.

Esos tres recuerdos eran todo lo que se había quedado grabado en su cabeza desde el día en que se desprendió del vientre materno hasta el día de su orfandad. Tres episodios breves, inconexos, pero todos relacionados con la sombra de su padre desaparecido. Ni el hilo de su vida se hubiere cortado en aquel instante. Toda experiencia había quedado reducida a esos tres episodios. Ni en sus recuerdos ni jamás después en su vida pronunciaron sus labios las palabras "padre, papá". Y sólo una vez sintió el dolor de no poderlas pronunciar. Se encontraba jugando con dos primos suyos, hijos de dos hermanos de su madre, cuando se acercaron al lugar los padres de ellos. Los primos salieron corriendo al encuentro de aquellos hombres gritando con alegría: "¡Papáito, papacito!" Él sintió también impulsos de correr, pero se dio cuenta de que no debía hacerlo, de que no podía hacerlo. Fue acaso la primera vez en que sintió su orfandad con toda su desolación y se le llenaron los ojos de lágrimas; los demás no se dieron cuenta de ello porque él simuló que seguía interesado en el juego y les volvió la espalda. Pero esta escena ocurrió mucho después.

En seguida los recuerdos se hacían más coherentes y ya conservaban en su memoria el aspecto de esa variada red de hechos menudos que constituyen una vida humana. Su primera apreciación de esos hechos variados ya como un conjunto, se inició en el campo.

Una hacienda hondureña, con su corredor empedrado, frente a un patio donde había una ceiba inmensa; cerca de la ceiba un árbol de mango contra cuyo tronco se recostaba un pesebre donde venían, por las tardes, los ganados mansos a comer sal; hacia la izquierda un labrantío donde se hacía la siembra del maíz; hacia la derecha, a unos cien metros, el río que enmudecía en los veranos y que se volvía ruidoso y amenazador en la estación lluviosa; un cañaveral cerca del río y antes del cañaveral la molienda; dos bueyes pacientes que daban vueltas lentamente, uncidos al asta que hacía girar las muelas del molino; campesinos sencillos; el jugo de la caña cayendo rumoroso en las amplias canoas; los bagazos olorosos amontonados, sobre los que siempre había un enjambre de abejas; bajo el mismo cobertizo de la molienda estaban instalados los hornos, con sus dos grandes peroles de cobre, donde se espesaba la miel; una mezcla de olores dulzones y gratos; los moldes rudos donde se vaciaba la panela; entre los moldes había unos pequeños que tenían sus iniciales, las que quedaban marcadas en la chancaca; el baño en el río; las siestas; un caballo blanco en que su madre salía a recorrer los trabajos de la hacienda.

Entre todos esos recuerdos, resalta vívidamente uno; cerca de la hacienda había una aldea, cuyos vecinos mantenían muy buenas relaciones con los hacendados; su madre era la madrina obligada de los casamientos y de los bautizos. Uno de los vecinos le llevó un día a su madre dos muchachas; ambas se llamaban Rosa. Deben haber tenido entonces dieciocho o veinte años; la una era blanca, desteñida, desagradable; o por lo menos a él se lo parecía en sus recuerdos; hasta parece que tenía los ojos claros e inexpresivos; la otra era morena, con ese color quemado, de canela, que se ve tanto en los trópicos; en sus recuerdos esta muchacha, sin aparecer bella ni mucho menos, tenía una vivacidad desbordada. Las llamaban Rosa Blanca y Rosa Prieta. Cada vez que su madre salía de la casa, él se quedaba bajo el cuidado de las Rosas. La Rosa Prieta entonces, con el pretexto de ponerle a dormir la siesta, se encerraba con él en el dormitorio, entornaba las puertas y ventanas y, tomándole en brazos, se desnudaba un seno pomposo y duro y le ofrecía el pezón rígido que él succionaba con deleite. A pesar de tener entonces entre cuatro y cinco años, él comprendió que aquello no debía contárselo a nadie. La Rosa Prieta nunca le recomendó que guardase la reserva, pero él no lo dijo nunca.

Y cada vez que los mozos ensillaban el caballo blanco, lo que indicaba que su madre saldría a recorrer la hacienda, se le llenaba el pecho de una briosa alegría pensando en la hora de la siesta, en la penumbra del dormitorio, cuando la Rosa Prieta le daría a morder aquellos frutos simples y gratos, mientras bajo el bochorno del sol cantaban los grillos y el sol tornaba rojizos los lunares de las puertas y ventanas, que eran de madera de pino sin pintar.

Posiblemente desde entonces venía su inclinación por esa clase de entretenimiento y su predilección invencible por las mujeres de piel tostada. Muchas veces había pensado que acaso no fue la Rosa Prieta la que lo inició en aquellos amables secretos, sino alguna otra de las muchachas que vivían en la hacienda, pero siempre le había sido grato pensar que ella fue, y no otra, de las que ni siquiera guardaba memoria. Ni a la Rosa Prieta ni a la Rosa Blanca las volvió a ver jamás. Es de creerse que ambas casaron con algún campesino vigoroso de la vecina aldea, que ambas tuvieron muchos hijos y que pasaron rudos trabajos, como todas las de su clase.

Transcurrieron cerca de dos años sin que los recuerdos de la hacienda acusasen alguna variedad digna de contarse; y como ocurre frecuentemente en Honduras, uno de esos sacudimientos armados que ensangrientan la tierra y las familias —y a los que llaman allá revoluciones— obligó a su madre a abandonar el campo y a acogerse a la ciudad. Ya no regresaron más a la hacienda, porque teniendo él ya cinco años se hacía necesario llevarle a la escuela.

Durante un año asistió con puntualidad a una escuela municipal que funcionaba a media cuadra de su casa; de ese su primer año escolar sólo recordaba el aspecto de las grandes salas aireadas; el bullicio de los recreos; algunos rostros y nombres de sus pequeños compañeros; la dulzura incomparable de su maestra, mujer joven, maternal y trigueña, de quien no aprendió nada y, sin duda por eso, la recordaba siempre con veneración y respeto.

El suceso importante de ese año fue sin duda el siguiente:

Durante las veladas de la hacienda se le había enseñado a leer. ¿Quién le infundió ese conocimiento? No lo recordaba. ¿Acaso fue su madre, aquella mujer pálida, severa y triste? ¿Acaso la abuelita a quien tenía grabada en su memoria como una de esas serenas matronas de vagas sonrisas que admiramos en las miniaturas del pasado siglo? ¿Acaso la tía soltera que gozaba haciéndose aparecer áspera y dura y en el fondo era de miel y suavidad? ¿O fue el abuelo hidalgo y severo que envejeció rodeado de hijos y de libros? Lo importante del caso es que él leía ya, a los cinco años, con bastante soltura.

Durante los recreos, algunas veces le rodeaban las alumnas de los cursos superiores y le hacían leer en voz alta, en la primera página de un libro de lectura que empezaba así: "El nido es para el pájaro, lo mismo que la casa para nosotros; cuando se destruye un nido, se le quita la casa a los pajaritos, etc." Aunque hubiera podido leerlo, él ya no lo leía sino que lo recitaba de memoria, de manera que su lectura aparecía más suelta y corrida de lo que en verdad hubiera podido ser. Y siempre sentía la angustia de volver la hoja antes o después de que fuera tiempo, pero las niñas que lo rodeaban estaban prestas a sacarlo de apuros doblando la hoja por él. Al finalizar la lectura el corro le hacía demostraciones de admiración. Y él sintió por primera vez que en su interior algo se esponjaba y se hinchaba como una pompa; que algo se abría como la cola de un pavo real. Había nacido su vanidad y con ella había nacido también la necesidad de imponer nuestra farsa a los demás, el histrionismo que asume en algunos espíritus el aspecto de una necesidad fundamental: recitaba de memoria y hacía creer que leía, y temblaba ya ante la idea de ser descubierto.

Su personalidad iba surgiendo y al surgir se humanizaba. El hombre es animal vano y falso. Sus cinco años y aquella escuela municipal descubrieron en él esa faceta de su espíritu. Y esa fue toda su experiencia de su primer año de escuela, pero fue bastante.

La escuela cerró sus labores y en la casa que ella ocupaba vino a habitar una familia amiga de su madre. Esta familia estaba compuesta por una viuda y sus cuatro hijas.

Entonces fue cuando conoció a Paquita, la segunda hija de aquella viuda. Paquita tendría entonces doce años y era una chica blanca, pecosa, con grandes bucles castaños, sedosos y pesados; parecía una linda muñeca.

Por las noches, después de la cena, Armando recorría los cincuenta metros que separaban su casa de la de Paquita y, sentándose al lado de ella, en una pequeña grada del zaguán de su casa, oía embelesado los más bellos cuentos que jamás oyera en su vida, y tampoco volvió a oír cuentos tan bellos como esos en toda su vida.

El pájaro que habla, la fuente encantada, gigantes malévolos, brujas que aparecían de súbito volando sobre tremendas escobas, hadas buenas protectoras de príncipes y princesas... y la voz de Paquita, asordinada y gratísima, perfumaba el misterio de aquellas noches lejanas, elevándose como un cántico desde la grada de piedra del antiguo zaguán.

Muchos cuentos, tal vez todos ellos, tuvieron la gracia de varias repeticiones.

—¡Dime otra vez aquel de la princesa Rosalinda!

Y el alma se prendía del relato, mientras los ojos se agradaban bajo las tibias noches enjoyadas de astros. Posiblemente en las baldosas de aquel zaguán despertó y alzó, total y enfebrecida, aquella imaginación sensible que le hizo olvidar tantas veces la dura realidad de lo real para lanzarle por la escalinata de los sueños hacia la estupefaciente realidad de lo ficticio.

25 de septiembre de 1929.

EN EL TREN

¡Cosa más fastidiosa un día de tren! Juan Pérez, aunque estudiante pobre, se permitía el lujo de aburrirse. Había cambiado por la vigésima vez de posición y ninguna le acomodaba. A las primeras horas de la mañana le distrajeron los cambios rápidos de paisajes; la perspectiva elástica de las casitas de la línea que parecían venir a su encuentro, agrandándose, agrandándose, para luego de pasar los carros, huir como espantadas del estruendo de la locomotora, empequeñeciéndose en la distancia; el subir y bajar apresurado de los pasajeros y el grito de los vendedores que desde los andenes de las estaciones pregonaban sus mercancías.

Hacia el mediodía una muchacha yankee subió al carro y se sentó frente a él; a poco la recién llegada trató de insinuársele, haciéndole el blanco de sus ojos claros y vacíos. Juan Pérez pensaba en lo difícil de que lograra su intento porque la tal girl, flaca como un signo de admiración y pecosa como un cielo estrellado, era fea hasta para fea, y él, cuando se encontraba con uno de esos ejemplares de femeninas que van por el mundo desprestigiando el sexo, se iba poniendo malo; la chica le enfermó, el estómago le daba vueltas y la cabeza le martilleaba; además, un instinto criminal empezaba a nacerle en el pecho; de haber durado dos días aquella travesía, indudablemente que habría matado a aquella mujer; fue tan honda y desagradable la impresión que le dejaron sus ojos inexpresivos y su cabello desteñido que, mucho tiempo después, y soñando que la besaba en la boca, despertó sobresaltado como al volver de una pesadilla.

Como a las dos de la tarde el tren atravesaba grandes cañaverales; el aire estaba cargado de extraña dulzura; las montañas daban en la lejanía, y bajo el ataque poderoso del sol, todos los matices del azul, desde un desvanecido reflejo opalino hasta un intenso color de mar; la miss, respirando a pleno pulmón, exclamó con un gesto pueril de coquetería:

—Fair country! Don't you find it so?

Juan Pérez, por toda respuesta, echó hacia atrás la cabeza y se quedó mirando el techo, con un no me importa desarrapado de colegial. Ella no volvió a dirigirle la palabra y algunos momentos después cambió de asiento, buscando el más lejano del suyo. Sólo así pudo librarse de aquella amenaza de flirt.

El ajetreo se volvía insoportable; ya no le molestaba físicamente, le daban en el alma; poco a poco se quedó amodorrado; pero una hora después un golpe violento le despabiló. Maldición de maquinista, bien podía parar con más decencia. Estaban en una pequeña población del tránsito; supo su nombre cuando el conductor, apareciendo por una portezuela, lo voceó; tipo cargante este conductor, y, pensó con rencor que por la mañana le había parecido simpático. Entraron unos cuatro pasajeros más y el tren siguió su marcha; uno de los nuevos se sentó cerca de él y le saludó con esa cordialidad de las personas que empiezan un viaje; Juan Pérez le contestó fríamente; pero el hombre se empeñaba en trabar relaciones porque se aproximó más a él y le disparó con la peor frescura:

—Muy cansado, ¿geh?

—Y tanto que quisiera ser ciego para no ver nuevas caras.

El hombre eludió el golpe y con excelente humor le dio la razón; dijo que no hay peor cansancio que el cansancio del tren y, a renglón seguido, le relató tres o cuatro viajes suyos, enriqueciendo su narración con detalles exagerados. Aunque era distraída su charla, Juan Pérez no se había humanizado del todo, porque le interrumpió con descortesía:

—Dígame, ¿gusta Ud. de mentir?

—No lo sé —respondió imperturbable—. Nunca he podido encontrar la diferencia que hay entre mentir y decir la verdad. Mire Ud., el asunto está en saber afirmar o negar con aplomo; yo le aseguro que hay tanto poder sugestivo en una mentira bien dicha como en la más rotunda verdad. Y, por mi parte, cuando me encuentro ante verdades faltas de gracia y de interés, prefiero mentir...

Su buena índole era una fortaleza y su deseo de charlar, aplastante. Juan Pérez estaba desarmado y se entregó sin condiciones; por decir algo, le preguntó su nombre; el desconocido le contestó con una retahíla capaz de dejar corta una película de episodios.

—¿Español?

—Pa servir a Dios y a Ud.

Uno de los tantos apellidos del hombre era el de Ribera. Juan Pérez le interrogó con cierta impertinencia agresiva:

—¿Y cómo anda Ud. de parentesco con Primo de Rivera?

—Cuarto o quinto grado de consanguinidad, por la línea colateral —contestó.

—¿Y con el pintor Ribera?

—¡Ah! Cómo que el pintor Ribera fue mi padre.

Juan Pérez estuvo a punto de soltar la carcajada, pero la seriedad de su interlocutor no se lo permitió; para disparar sus mentiras, el señor de Ribera ponía una cara más seria que la de un alemán muerto. No tuvo más remedio que reanudar el pregunteo:

—¿Y en qué universidad hizo Ud. sus estudios?

—En el mundo; la vida ha sido mi única maestra y cada día estoy más convencido de que es la única maestra que enseña. Yo le di las espaldas a mi casa de diecisiete años, hace de esto veinte, y aún no he vuelto a ella. Me eché a rodar tierras sin un centavo y sin más recursos que yo mismo. Pero no me desanimaba, porque no sé dónde había leído que todo está en nosotros, y este convencimiento era mi sola profesión y mi solo tesoro. Luego, las necesidades, al golpear mi ingenio, me fueron preparando; cada golpe me daba un arma más, y he llegado a la conclusión de que la clave de la vida está en no decir nunca: no sé. Esto me ha permitido desempeñar múltiples cosas. Mire Ud., en Costa Rica fui torero; en Nicaragua, periodista; actor cómico en Cuba y Guatemala; guerrillero en México; cantinero en El Salvador y, actualmente en Honduras, soy rentista. En cualquiera de esas tareas hubiera llegado a ser un as, pero desgraciadamente carezco de perseverancia; me gusta el cambio, el movimiento. ¡Ah, los viajes! Ver siempre nuevas personas, y perspectivas renovadas, y otro el paisaje cada día. Obedecer aquí, mandar allá, eso es vivir. Yo me creo capaz hasta de cantar misa, porque tengo más latines y más biblias que cualquier seminarista. Lo único que me amedrenta es la política...

—¿La política? ¿Y por qué?

—Pues por miedo de llegar a ser jefe de un Estado.

—No me explico ese temor, porque con el tesoro que hay en Ud. y con la preparación que le ha dado la vida...

—Sí, sí, le entiendo, se puede dar la vuelta al mundo; pero no a una nación; créame, amigo, esa tarea sí que me amedrenta; yo no sé lo que haría siendo presidente de una república. Bueno, le advierto que en Honduras la cosa no es tan dificililla.

—¿Y por qué precisamente en Honduras? —preguntó Juan Pérez algo incómodo.

—Sencillísima, hombre, por las revoluciones.

—Pero esa circunstancia complica el problema para un presidente.

—¡Que no, señor, ni lo repita! Imagine que Ud., sin ser estadista, es presidente de Honduras. Esto no es lo imposible porque dicen que en este país no ha habido más que un estadista. Pues bien, sin ser estadista, se le viene un período de paz imperturbable e inmediatamente, como llovidos del cielo o como si sólo esto estuvieran esperando, le caen a Ud. encima el problema de las comunicaciones, el problema del trabajo, el problema de la sanidad pública, el problema universitario, el de la cultura rural, el de patrimoniar al pueblo, el de la inmigración, el de la moral social, y que hay que crear la policía y organizar el ejército, y promover la cultura física, y por aquí la deuda externa y por allá la deuda interna, y que el problema monetario, en fin, agregue Ud. cuatro etcéteras. Ud., como no es estadista, se asombra, se anonada, se aflige. Y cuidado que la prensa le atisba y le amenaza. Y súmele el ojo de la historia que no le deja ni a sol ni a sombra y que le está prometiendo dejarlo estampado en sus anales, por todos los siglos, como incapaz. ¿Qué hace Ud. entonces? ¿Enfrentar tantos problemas y resolverlos? Imposible, porque Ud. no es estadista. Luego, si Ud. no es un perfecto idiota, comprende que su salvación está en provocar la guerra civil — y, como todo aquel que busca un asidero salvador, la provoca sin más retardatorias. Eso es infantil. Encendido el país por la guerra, no hay más problema que el de la guerra, al que algunos llaman socarronamente el problema de la paz, el cual es de lo más sencillo para enfrentar, sobre todo cuando Ud. no tiene el menor deseo de resolverlo. Naturalmente, la prensa calla y la historia dirá que Ud., a pesar de sus buenas intenciones y de su preparación, no pudo desenvolver sus energías porque los enemigos pérfidos del bienestar general le opusieron la barrera infranqueable de la insurrección... Y Ud., en su interior, se ríe lindamente de la prensa, de la historia, de los múltiples problemas de la paz y deja burlada hasta su propia ignorancia que quería exhibirle como un Don Nadie.

Juan Pérez estaba anonadado. El español aquel, con todo y su nombre escandaloso y con su no menos escandaloso parentesco, decía unas cosas estupendas.

—Pero señor de Ribera —exclamó—, ¿se imagina Ud. que es fácil provocar una revolución?

—¡Cosa de sólo quererla, hombre de Dios! Basta con esto: manda Ud. de jefes departamentales a individuos ignorantes y les advierte que tengan mucho cuidado porque circulan rumores de que se atenta contra la paz. Estos rumores desde luego no circulan. Les advierte Ud. que deben proceder con toda energía porque a ellos está encomendada la buena marcha del gobierno. Si a Ud. le parece oportuno, háblele de que hay que sanear el ambiente y, les deja caer, como por un descuido, aquel consejito de que para con los perturbadores del orden, mano de hierro es lo pertinente. Luego échese Ud. a dormir que antes de un mes le viene a despertar la noticia de que hay levantamientos armados. Ud. naturalmente se enfurece contra los que quieren impedirle desarrollar su programa administrativo. Da orden de encarcelar a los sospechosos. Las cárceles se llenan. El estado de sitio viene a pedir de boca en tales momentos. El pensamiento calla para dar paso a la manzanilla. La acción gubernativa cede su puesto al bochinche. A los dos meses, la república hierve. Presidentes ha habido que se han manejado tan hábilmente que durante todo su período la ley fundamental ha sido la del estado de sitio. Rocío en verde, mi amigo, miel sobre hojuelas...

Habría seguido su perorata de no haberse detenido el tren. Era un crepúsculo incoloro y vulgar, a pesar de ser crepúsculo. Una brisa fresca soplaba blandamente. El señor Ribera, tomando su maletín con precipitación y casi sin despedirse, abandonó el carro; lentamente se inició el rodar monótono y aplastante. La girl pecosa y desteñida masticaba furiosamente una pastilla de chewing gum: gimnasia sueca de los maxilares. Las cosas se ensombrecían y caía una creciente indecisión en los contornos.

¡Qué fastidioso un día de tren! Juan Pérez, aunque estudiante y aunque pobre, se permitió otra vez el lujo de aburrirse.

BAJO UN ÁRBOL

El domingo es un día fastidioso en Tegucigalpa. Juan Ramón Molina, en una tersa prosa de maravilla, nos habló ya de este fastidioso día capitalino. Yo me preparaba ya a bostezar toda la tarde de ayer, que fue domingo, cuando un alma piadosa me hizo saber que se estaba efectuando un acontecimiento sobrenatural en la Federación Obrera Hondureña. No tardé en oírlo para salir, más corriendo que andando, hacia tal punto. Caía una garúa insistente, de ésas que a la larga mojan más que un aguacero de verdad. Pero yo, acogiéndome a ratos bajo los aleros clementes y otros ratos mojándome, pronto llegué a mi destino.

El acto no se efectuaba la propia Casa de los Obreros, sino que bajo la sombra del gigantesco árbol de guanacaste, que dio su nombre al barrio entero. Para quien no haya estado en Tegucigalpa, explicaré que este árbol ingente, varias veces centenario, extiende sus ramas en un tan vasto círculo que puede cubrir más de dos mil personas con su sombra, y está plantado en el extremo oriental de la ciudad.

Pues bien, bajo de este árbol se estaba celebrando el domingo pasado, a eso de las cuatro de la tarde, la fundación de la primera sociedad de "temperancia" de la República. Oídlo bien, y os voy a repetir la palabra para que no os quepa la menor duda: temperancia.

La iniciativa se debe a la sociedad obrera femenina "La Mujer Hondureña". Cuando llegué al lugar se encontraban reunidas más de trescientas personas. Se me dijo que acababan de pronunciar brillantes conferencias el honorable obrero don Tiburcio Acosta, la escritora Visitación Padilla y el doctor Salvador Paredes. Y yo comprendí que debían de haber estado reunidas esas gentes desde hacía mucho rato, porque todos estaban completamente mojados por la lluvia.

Yo llegué como quien dice a los postres. El Lic. Arturo Martínez Galindo iba a pronunciar el último discurso. Empezó, poco más o menos, así: "Señores (y había señoras y señoritas): Hace un par de semanas y encontrándome yo en mi estudio, un amigo, un grande y buen amigo mío, irrumpió como un ciclón en el cuarto y se dejó caer, todo agitado y nervioso, en un sillón. Yo me sobresalté. Corrí a auxiliarle. Lo cubrí de preguntas, pero el hombre parecía haber perdido el habla. Al fin pudo exclamar:

—¡Un atentado! ¡Un atentado!

Y yo:

—¿Han apuñalado al Arzobispo? ¿Han arrojado una bomba al Presidente? ¿Se han cogido el Motagua los chapines?

Y él:

—¡Peor que eso! ¡Más que eso!

—¿Qué ha ocurrido entonces?

—Que acaba de ordenar el Presidente el cierre dominical de los estancos...

Y cuando se hubo repuesto del todo, este grande y buen amigo mío se explicó:

Ayer el Presidente Paz Baraona se empeñó en meternos la paz hasta por los ojos, y nos la metió. Hoy el Presidente Mejía Colindres quiere quitarnos el alcohol. ¿Qué se han propuesto estos hombres? ¿Quieren deshondureñizarnos?"

Yo comprendí la fina pero cortante ironía del orador. Desgraciadamente, una ironía que tiene hondas fibras de verdad, porque en un siglo loco-loco, hemos teñido nuestra historia con sangre y la hemos perfumado con alcohol. Y es por esto que las características mejor definidas de hondureñismo han sido las revoluciones y el aguardiente.

Y el discurso terminó así, mientras el orador tenía la ropa completamente mojada por la garúa que se había transformado en aguacero y mientras todo el auditorio estaba calado hasta los huesos, pero firme en su puesto:

"Quieran los Dioses que los domingos de la nueva Honduras, porque yo estoy empeñado en creer que estamos viviendo una nueva Honduras, sólo se humedezcan con la santa y la clara humedad que, como en esta tarde, nos arrojan los cielos, para sustituir gloriosamente a los domingos de la vieja Honduras que estaban empapados con el alcohol y con sangre".

Al disolverse la manifestación, mi espíritu lanzó a los espacios un grito de entusiasmo y de agradecimiento para las nobles obreras de "La Mujer Hondureña", a quienes cabe el honor de haber organizado la primera sociedad de temperancia que registran los anales de la República.

Tegucigalpa, 18 de noviembre de 1929.

9 798889 267367 9